U0656017

互联网时代高校教育管理模式创新发展研究

张亚军　著

中国海洋大学出版社

·青岛·

图书在版编目（CIP）数据

互联网时代高校教育管理模式创新发展研究 / 张亚
军著 . -- 青岛 : 中国海洋大学出版社 , 2023.10
ISBN 978-7-5670-3436-5

Ⅰ . ①互… Ⅱ . ①张… Ⅲ . ①高等教育—教育管理—
管理模式—研究—中国 Ⅳ . ① G649.2

中国国家版本馆 CIP 数据核字 (2023) 第 031875 号

互联网时代高校教育管理模式创新发展研究
HULIANWANG SHIDAI GAOXIAO JIAOYU GUANLI MOSHI CHUANGXIN FAZHAN YANJIU

出 版 人	刘文菁		
出版发行	中国海洋大学出版社有限公司		
社 址	青岛市香港东路 23 号	邮政编码	266071
网 址	http://pub.ouc.edu.cn		
责任编辑	郑雪姣	电 话	0532-85901092
电子邮箱	zhengxuejiao@ouc-press.com		
图片统筹	河北优盛文化传播有限公司		
装帧设计	河北优盛文化传播有限公司		
印 制	三河市华晨印务有限公司		
版 次	2023 年 10 月第 1 版		
印 次	2023 年 10 月第 1 次印刷		
成品尺寸	170 mm × 240 mm	印 张	14
字 数	260 千	印 数	1 ~ 1000
定 价	88.00 元		
订购电话	0532-82032573（传真） 18133833353		

发现印刷质量问题，请致电 18133833353 进行调换。

高校作为人才培养的摇篮，在教育界一直以来都是最主要的关注对象。在互联网时代，高校教育及其管理已经成为我国教育改革中重要的、具有创新意义的阵地。就高校教育改革的效果而言，教育管理模式至关重要。

近年来，随着我国经济的快速发展，社会对人才的要求逐渐提高，对高校教育管理模式的关注度也越来越高。在互联网背景下，网络渗透至人们生活的各个领域，这促使高校教育管理转型成为必要。发挥高校教育管理工作培养优秀人才的重要作用，促进高校发展，提高教育水平，创新高校教育管理模式已成必然趋势。基于此，特撰写《互联网时代高校教育管理模式创新发展研究》一书，以期为读者提供一定的参考价值。

该书共八章，第一章论述了互联网时代的本质与功能、互联网时代的发展状况、互联网时代的特征以及互联网时代的高校教育发展；第二章论述了高校教育管理的基本理论，为后面论述互联网时代的高校教育管理模式奠定了理论基础；第三章至第七章，分别从高校学生管理模式、高校教学管理模式、高校师资队伍建设与管理模式、高校教育教学管理下人才培养模式、互联网时代高校预算管理模式五个方面进行了论述；第八章论述了互联网时代高校教育管理模式的创新路径。

高校教育的发展与高校管理联系紧密，必须结合起来加以研究。因此，从高校教育管理模式的角度出发对高校教育进行论述，更有针对性。同时，笔者希望本书的研究能够有益于我国当代高校教育管理模式改革及其管理制度发展的尝试性的工作。

　　由于本人水平有限，加之时间仓促，书中难免有不足之处，恳请广大专家和读者不吝指正。

张亚军
2023 年 7 月

part 1

第一章

互联网时代概述

第一节　互联网时代的本质与功能

一、互联网的定义

互联网通常是指为了达到某种目的而以某种方式联系或组合在一起的对象（物体）的集合。计算机网络是指将地理位置不同且功能相对独立的多个计算机通过通信线路相互连在一起、由专门的网络操作系统进行管理，以实现资源共享的系统。

"地理位置不同"是指计算机网络中的计算机处于不同的地理位置。例如，通过 Internet 访问网络服务时，被访问的主机的地理位置往往是不可见的，它可能在不同的城市、省份甚至不同的国家。事实上，在大多数情况下不需要知道它所处的确切位置。正是地理位置分布性所形成的空间障碍，形成了以组建计算机网络的方式来实现资源共享的原始驱动因素。

"功能相对独立"是指相互连接的计算机之间不存在互为依赖的关系。作为各自独立的计算机，它们具有各自独立的软件和硬件，任何一台计算机都可以脱离网络和网络中的其他计算机独立工作。

一般来说，计算机网络是一个复合系统。它是由各自具有自主功能而又通过各种通信手段相互连接起来以进行信息交换、资源共享或协同工作的计算机组成的。从这段话中可以看到三重意思：首先，一个计算机网络包含了多台具有自主功能的计算机。所谓具有自主功能，是指这些计算机离开了网络也能独立运行与工作。其次，这些计算机之间是相互连接的（有机连接），所使用的通信手段可以形式各异，距离可远可近，连接所用的媒介可以是双绞线（如电话线）、同轴电缆（如闭路有线电视所用的电缆）或光纤，甚至是卫星或其他无线信道。信息在媒介上传输的方式和速率也可以不同。最后，计算机之所以要相互连接是为了进行信息交换、资源共享或协同工作。

从总体来看，分布在各个地区的计算机以及相关的外部设备通过计算机网络在线路的连接下形成了一个系统，不仅规模大，还有着很强的功能性，使计算机在共享硬件和软件、信息传递、数据信息共享方面更加便利。简单来说，计算机网络就是多个计算机在通信线路的连接下形成的集合体。

二、互联网的本质

互联网是一个新颖又神奇的世界。它已成为人们获取信息的主要平台，给人们的工作、学习和生活等方面带来了巨大的变化。人们在家里、在办公室或其他有网络覆盖的场所，均可以通过互联网，浏览网上的各种信息。有了互联网，人们可以足不出户，知晓天下事。可见互联网与人们的生活息息相关。

具体而言，互联网的本质包括以下三点。

（1）共享。共享是指资源共享性，也就是资源在网络上的互通互联，包括资讯、图片、软件等内容的共享，这里的共享也可以是通过一定的代价取得的共享资源。当然，一些纯粹的个人资源不在"共享"范围内，除非个人同意。

（2）虚拟。互联网的虚拟性是互联网发展的突出特点之一，主要表现在IM即时通信和网络游戏中。而这两项内容在互联网经济中占了很大比重。因此，不仅要充分理解互联网的虚拟性，还要充分利用和挖掘这一特点，在虚拟中引出真实。

（3）服务。在这里说服务是互联网的本质，似乎很不合适，因为服务适合生产生活的方方面面，但这里说的服务是相较于互联网作为一种行业而言的。作为一种行业要生存和发展，向社会索取，或者是得到社会的认可，就必须有付出，这些付出概括来说就是服务。

三、互联网的功能

计算机技术和通信技术的迅猛发展，不仅使计算机技术进入了网络时代，而且使计算机的作用范围超越了地理位置的限制，增强了计算机的功能。具体概括为以下五个方面。

（一）资源共享功能

资源共享是计算机网络最本质的功能。充分利用计算机（包括软硬件）功能是组建计算机网络的主要目的之一。网络用户可以访问或共享计算机网络上分散在不同区域、不同部门的各种信息。资源共享主要包括软件资源共享、硬件资源共享、数据资源共享和通信信道资源共享四类。

1. 软件资源共享

通过多种应用程序、语言处理程序、服务程序等对大型数据库进行访问，从而获得文件传送、文件访问等服务，这些都属于软件资源共享。有些用户会使用一些大规模的软件。对于他们来说，软件资源共享的作用非常重要，可以有效避免重复进行数据的存储，从而节省磁盘空间，节省用户的时间，提高工作效率。

2. 硬件资源共享

为了节约用户的投资，提升设备利用率，方便集中管理，可以通过计算机网络实现输入输出、存储、处理等硬件资源的共享，尤其是对于大容量储存器、绘图仪等这样的价格昂贵的设备来说，用户可以节省一大笔经费投入。

3. 数据资源共享

数据资源共享指的是在网络环境下，各种数据资源能够被网络中的所有用户所共享。实现数据资源共享有助于提高数据利用率，促进信息的流通和交换，从而提高整个网络系统的工作效率。在数据资源共享中，用户可以实时访问、查询、下载和上传数据，实现了跨地域、跨平台、跨时区的数据交流和协作。在企业管理、科学研究、教育培训等多个领域，数据资源共享都发挥着重要的作用。

4. 通信信道资源共享

在计算机网络中，通信信道资源共享是非常重要的一种资源共享。其共享方法主要分为三种：一是排队分配信道，二是固定分配信道，三是随机分配信道。

（二）数据通信功能

计算机网络的基础功能就是数据通信。正是这一功能，使得计算机之间能够进行数据信息传输，计算机之间以及计算机和终端之间都可以传递各种信息，如新闻、图片、信件、报纸版面等。人们可以借助网络收发邮件、发布新闻、进行远程教育等，极大地方便了自己的生活。通过数据通信功能，分布在各个地区的部门都可以通过网络实现连接，便于统一控制与管理。这项功能的优点是费用低、速度快、信息量大、交流方便、效率高。

（三）分布式网络处理

在计算机网络中，用户可根据问题的实质和要求选择网内最合适的资源来处理问题，以便使问题能迅速而经济地得到解决。对于综合性大型问题可以采用合适的算法将任务分散到不同的计算机上进行处理。也就是说，各个独立的计算机通过网络系统进行协作而完成共同任务的处理。在实施任务处理的过程中，所有连接的计算机都有各自需要承担的任务。如果有计算机的工作任务过重，抑或是这台计算机正在处理某项工作，网络就会自觉将新的任务分配给其他没有任务的计算机。这样可以使计算机的负载更加均衡，从而使其处理问题的实时性得以提升；把任务进行分解交给多台计算机去处理，可以在网络资源的助力下使计算机处理的实用性得到极大提升。

各计算机联网有利于共同协作进行重大科研课题的开发和研究。同时，利用网络技术还可以将许多小型机或微型机连成具有高性能的分布式计算机系统，使它具有解决复杂问题的能力，而且费用大为降低。

（四）资源调剂功能

对于超大负荷量的高性能计算和信息处理，可以采用适当的算法，通过计算机网络，将任务分散到网络上不同的计算机上进行分布式处理。通过计算机网络可以合理调节网络中各种资源的负荷，以均衡负荷，减轻局部负担，缓解用户资源缺乏与工作任务过重之间的矛盾，从而提高设备的利用率。集中数据以及综合处理数据信息都是基于网络实现的，可对不同计算机终端的数据进行收集、整理、分析等。例如，一家工厂可通过网络整理进货、生产、销售等相关数据信息，从而为工厂在以后各环节做出决策提供重要的依据。

（五）提高系统可靠性和性价比

在单机使用时，如果缺少备用机提供后备支持，一旦计算机出现问题，就会导致停机，带来非常严重的后果。但如果有了备用机就能有效地避免这种情况，从而提升工作效率。当计算机连接网络以后，各个计算机就可以互为后备机，一旦其中一台计算机出现问题，其他计算机就会承担起它的工作。另外，也可以在网络节点设置备用设备以起到全网公共后备的作用，从而有效提升系统的可靠性与可用性。如果有计算机负载过重，同样可以将任务交给其他没有工作的计算机，从而提升系统的工作效率，这在银行、军事以及工业控制领域都能发挥很大的作用。

第二节　互联网时代的发展状况

互联网也称为网际网络，是由网络串联在一起形成的巨大网络。在这个网络中，有各种连接链路，网络设备如路由器等以及各种服务器和计算机、终端。互联网是信息社会的基础，使用户能够通过互联网将想发送的信息很快传递给他人。

美国国家卫生基金会（National Sanitation Foundation，NSF）网作为Internet 发展的广域网，最初由美国国家科学基金会资助建设，目的是连接全美的 5 个超级计算机中心，供 100 多所美国大学共享它们的资源。NSF 网也采用传输控制协议（Transmission Control Protocol，TCP），且与 Internet 相连。

NSF 网最开始的服务对象是科研人员，用户可以通过 NSF 网获取或共享大型主机的资源。当接入主机的数量越来越多以后，人们便开始将互联网当成交流的工具，慢慢有很多公司开始利用互联网开展一些商业活动。随着互联网逐渐商业化，它在信息检索、通信等方面的功能被充分挖掘出来，使得互联网产生了质的飞跃，并最终走向全球。

一、互联网的发展历程

（一）萌芽阶段

互联网起源于 1969 年，在美国国防部研究计划的部署下，加利福尼亚大学、加利福尼亚大学洛杉矶分校、斯坦福大学研究学院以及犹他州大学的 4 台计算机被连接在了一起。1970 年 6 月，麻省理工学院、哈佛大学、加州圣达莫尼卡系统发展公司加入。1972 年 1 月，斯坦福大学、麻省理工学院的林肯实验室、卡内基梅隆大学加入。在之后的几个月内，美国国家航空和宇宙航行局、兰德公司和伊利诺利州大学也加入。1983 年，美国国防部将阿帕网分为军网和民网，渐渐扩大为今天的互联网。之后有越来越多的公司加入。

最初设计互联网的目的是创建一个通信网络，即便有些区域被核武器摧毁，依然可以通过互联网正常工作。如若大部分的直接通道无法正常通行，就可以在路由器的指引下通过网络进行通信信息的传播。

网络最初是为一些计算机专家、科学家等科研人员设计的。在家庭计算机、办公计算机还没有普及的时代，计算机专家、科学家等网络的使用者都必须去学习复杂的网络系统。以太网于 1974 年诞生，它是大部分局域网的协议，最初只是哈佛大学生鲍勃·麦特卡夫论文的副产品。然而，这篇论文最开始由于分析不够具体和完整而被驳回，在丰富了内容以后才被接受和认可。

1978 年，UNIX 和 UNIX 拷贝协议（Unix to Unix Copy Protocol，UUCP）在贝尔实验室 [①] 被提出来。1979 年，新闻组网络系统基于 UUCP 慢慢壮大，得到了一定的发展。新闻组（集中某个主题的谈论组）也同样得到了发展，对于全世界的信息交换问题，它提供了行之有效的好方法。可是，新闻组始终不被认可是互联网的组成部分，原因在于它不共享 TCP/IP 协议。然而，它和遍布世界各地的 UNIX 系统相连，而且互联网站点大部分都应用新闻组，因此，在网络发展中，新闻组发挥了巨大作用，是网络世界的重要组成部分。

同样，国际学术网（Because it′s time network，BITNET）可以和国际商业机器公司（IBM）的大型机连接，自 1981 年起开始提供邮件服务。Listserv 等软件被开发出来以后便开始为该网络提供服务。网关被开发出来后，开始用于连接互联网与 BITNET，并提供邮件传递服务以及邮件讨论列表。Listserv 与其他邮件讨论列表一同构成了互联网的重要组成部分。

第一个检索互联网的成就是在 1989 年由 Peter Deutsch 和他的全体成员在 Montreal 的 McFill University 创造的。他们为文件传输协议（File Transfer Protocol，FTP）站点建立了一个档案，后来将其命名为 Archie。这个软件能周期性地到达开放的文件下载站点，列出它们的文件并且建立一个可以检索的软件索引。检索 Archie 命令是 UNIX 命令，所以只有利用 UNIX 知识才能充分

---

① 美国贝尔实验室是晶体管、激光器、太阳能电池、发光二极管、数字交换机、通信卫星、电子数字计算机、C 语言、UNIX 操作系统、蜂窝移动通信设备、长途电视传送、仿真语言、有声电影、立体声录音以及通信网等许多重大发明的诞生地。自 1925 年以来，贝尔实验室共获得 25000 多项专利，平均每个工作日获得 3 项专利。贝尔实验室的使命是为客户创造、生产和提供富有创新性的技术，这些技术使朗讯科技（Lucent Technologies）公司在通信系统、产品、元件和网络软件方面处于全球领先地位。一共获得 8 项（13 人）诺贝尔奖（其中 7 项物理学奖，1 项化学奖）。

利用它的性能。

McFill 大学是第一个拥有 Archie 的大学，它发现每天从美国到加拿大的通信中有一半访问 Archie。学校关心的是管理程序能否支持这么大的通信流量，因此关闭了外部的访问。幸运的是当时有很多 Archie 可以利用。

Brewster Kahle 当时是通过智能计算机（Thinking Machines）发明了广域网信息服务（WAIS），能够检索数据库中文件并允许文件检索。根据复杂程度和性能情况不同，它有很多版本，但可以让网上的人使用。高峰期时，智能计算机公司维护着在全世界范围内能被 WAIS 检索的超过 600 个数据库的线索，包括在新闻组里的常见问题文件和正在开发中的用于网络标准的论文文档等。WAIS 和 Archie 一样，它的接口并不是很直观，所以要想很好地利用它，需耗费很大的精力。

（二）实用发展阶段

1989 年，Tim Berners 和其他在欧洲粒子物理实验室的人提出了一个分类互联网信息的协议。这个协议在 1991 年后被称为全球广域网，也称为万维网（World Wide Web，简称 Web），基于超文本协议——在一个文字中嵌入另一段文字的链接的系统。当使用者在浏览该页面时，可以随时点击链接切换至另一段文字。虽然 Web 出现在 Gopher 之前，但其发展十分缓慢。

互联网最初的诞生主要依赖于政府的投资，所以对于互联网的使用也仅限于政府、学校、研究所等部门，并不允许其他的商业行为。直到 20 世纪 90 年代，商业网络开始发展，才打破了这一局面。自此，商业站点向其他商业站点发送信息时将不再需要经过政府投资建设的网络中枢。

1991 年，明尼苏达大学（University of Minnesota）开发出了第一个连接互联网的友好接口。学校原本只想开发简单的菜单系统，希望可以通过局域网访问校园网的数据信息。这一行为却引起了大型主机和服务器体系结构拥护者的讨论。前者一开始处于上风，然而，当一个先进的示范系统被开发出来以后他们不得不接受失败的局面。这个叫作信息查找系统（Gopher）的示范系统没有辜负人们的期望，因为在后面的实践中，其强大的功能得到了证实，在之后仅仅几年的时间里，全世界便有了大量的 Gopher，数量超过一万，而且它并不需要 UNIX 和计算机体系结构的知识，只需一个数字就能对目标菜单选项进行选择。如今，我们可通过 the University of Minnesota Gopher 对全世界的

Gopher 系统进行选择。

当内华达大学（University of Nevada）的 Reno 创造了通过 Gopher 使用的一种自动检索服务——VERONICA，Gopher 的可用性大大加强了。VERONICA 是 Very Easy Rodent-Oriented Netwide Index to Computerized Archives 的首字母简称。遍布世界的 Gopher 像网一样搜集网络连接和索引。它的出现，受到了广大用户的欢迎，以至于出现了连接困难的情况。尽管如此，为了减轻负荷，大量的 VERONICA 被开发出来。类似的单用户的索引软件也被开发出来，如 JUGHEAD（Jonays Universal Gopher Hierachy Excavation And Display）。

（三）社会化应用阶段

Dephi 是最早为客户提供在线网络服务的国际商业公司。1992 年 7 月开始提供电子邮件服务，1992 年 11 月开展全方位的网络服务。1995 年 5 月，当国际科学基金会（International Foundation for Science，NFS）失去了互联网中枢的地位，所有关于商业站点局限性的谣传均不复存在，并且信息传播依赖商业网络。美国在线（American Online，AOL）、Prodigy 和美国在线服务机构（Compuserve）也开始提供网上服务。

微软进入浏览器、服务器和互联网服务提供商市场的转变已经完成，成了基于互联网的商业公司。1998 年 6 月，微软的浏览器和 Windows 98 集成桌面电脑显示出比尔·盖茨（Bill Gates）在迅速成长的互联网上投资的决心。

二、互联网的发展现状

互联网技术的发展使人们的生活发生了巨变，移动互联网在人们的生活中发挥的作用也越来越大。如今的信息沟通、网络付款、视频聊天等大大丰富和便利了人们的日常生活。

要想更好地使用移动互联网，加强人们对于移动互联网的认识是至关重要的。因此，笔者总结了我国互联网的发展现状，主要有以下几点。

（1）网络业务开始向移动化方向发展。以往固定互联网下终端的连接方式需要固定的终端接口，而移动互联网时代的到来，使联网完全不需要这么麻烦，只要有网络覆盖的地方，用户就能使用随身携带的移动设备连接网络，从而满足自己的使用需求。正是因为有了移动互联网，网络业务开始趋向于移动化。

（2）移动互联网的应用以娱乐为主。相关数据的调查和统计发现，我国的移动互联网主要应用在娱乐方面。之所以会出现这种情况，主要有两点原因：①移动设备的用户大多是青少年，而他们使用移动网络的目的是娱乐而不是办公；商家为获得更多的利润，想方设法地满足大部分用户的需求，于是，在当前网络市场上的很多业务以及开发的应用软件都带有娱乐性。②热门业务的发展尤为迅速。随着移动互联网的普及以及用户的迅速增长，我国移动互联网的业务类型越来越多，发展也越来越迅速，以视频、音乐、聊天、语音、游戏、影音等为代表的热门业务的发展，更是呈现出一种势不可当的趋势。

三、互联网的发展趋势

（一）互联网领域的竞争

庞大且复杂的互联网产业不仅涉及移动设备这一个产业，还涉及智能手机的生产、应用软件的开发等多个环节。此外，互联网产业也会与其他方面的产业有所关联，会兼顾提供相同质量及不同质量产品的企业。在严峻的形势下，有很多互联网经营的企业为了发展选择和厂商及企业合作，目的是在产业链中生产出高性价比的产品，从而为用户提供优质的产品及服务。

（二）传统行业加速融合

自互联网问世后，它凭借着自身运营成本低、附加值高的优势大大带动了其他产业的发展，如电子商务等相关的产业在互联网的带动下得到了飞速发展。而且，这种发展模式渗透多个行业，促使传统行业的经营模式发生了很大转变，一个充满活力的、巨大的互联网经济圈就这样慢慢发展了起来，并凭借着自身的巨大优势使一些信息技术发展落后的企业被激活，如很多企业在应用管理中应用互联网，出租车也会利用全球定位系统（GPS）及线上预订服务接单等。可见，互联网已经渗透人们生活的各个方面，成为人们日常生活的重要组成部分。

（三）用户对互联网业务的需求

互联网以能够最大限度地满足用户的各类需求为终极目标。总结互联网用户的需求主要有三点：一是通信需求。就当前的现状而言，由移动、联通以及电信等运营商和企业提供的通信服务已经越来越难以满足用户的需求，广大用户希望能够获得更多企业提供的多种通信服务。二是娱乐需求。互联网用户目前可以从互联网获得的娱乐服务主要以网络游戏、视频影音、小说等为主，然而人们越来越不满足于此，希望可以通过网络获得更多的娱乐享受。三是商务生活及个性化需求。如今互联网渗透人们生活的各个方面，不管是工作还是日常生活，人们都获得了很大的便利，因此，人们开始更加倾向于通过互联网使自己的生活与工作更为便利，同时可以获得彰显个性的服务。

（四）商业模式不断创新

如今互联网已经发展得比较成熟，有着非常好的发展前景，只要科学经营，势必可以打造出能够取得高盈利的商业模式。很多成功的商业模式都是通过终端与服务赢得了用户的认可，从而占领市场，如现在市场上随处可见的各种人性化的互联网设备。随着网络收费越来越低，移动设备不断迭代更新，用户在面对一些付费的软件以及移动广告时，接受度开始慢慢提升，促进了以互联网为基础的新型商业模式的创新和发展。

综上所述，互联网凭借着自身独特的优势在人们的工作与生活中占据了重要位置，发挥着越来越大的作用。在此情况下，人们必须正确看待互联网的诸多优势，并不断深入研究，及时发现问题，找出有效的解决措施，完善各项技术指标，从而为实现互联网的可持续发展打下良好的基础。

第三节　互联网时代的特征

随着互联网时代的来临，互联网的发展和普及大大改变了我们的生活方式，为我国电信企业带来了难得的发展机遇。因此，把握互联网时代特征，对我国电信企业更好地把握在互联网发展中的定位、推进互联网业务快速发展、加快企业成功转型具有重要意义。互联网的基本特征与特质如下。

一、去中心化的特征

马克·波斯特[1]在其著作《信息方式——后结构主义与社会语境》中提出："互联网是去中心化的传播系统。互联网也是在基础性的组织层面上去中心化的，促进了语言的去中心化。"也就是说，互联网具有去中心化的特征。所谓去中心化，是相对于中心化而言的。例如，各大集中性的门户网站，网络中的每个结点都可以是一个控制中心，以门户网站为中心，可以做到信息的发布和传播，然而在 Web 2.0 的第二媒介时代下，每一个参与到互联网中的个体都可以是信息的控制中心，典型案例是当前的微博、微信、播客等自媒体。去中心化主要是指技术对普通用户的赋权。另外，去中心化不是人人绝对平等的意思，有人更善于利用技术赋予的可能性，有人则不善于利用或不在乎。

二、自由、平等的特征

互联网的去中心化的特征，可以使每个人都能够利用互联网，包括信息的发布和传播，对现实事件的看法和点评，等等。这些都可以没有障碍地交流，在一定程度上体现了互联网的自由、平等的特征。网上沟通与面对面沟通不同，网上沟通和交流匿名性打破了时间和空间的限制，体现了自由、平等的特点。

三、数据库的特征

波斯特在《第二媒介时代》[2]中提出网络的发展使得社会场中出现了新的实践开始运作，重新完成了主题的构建。在用电脑搜索的时候，搜索引擎会把用户的个人喜好、地理位置、年龄层次等都记录下来，等该用户下次再点开搜索界面，就会将相应的网页推荐给他。在复杂的网络世界中，数据库技术使得每一位网络用户都成了由各种符号组成的数据。电子化的信息收集以及网络媒

---

[1] 马克·波斯特是现代计算机理论和证明论的开创人之一，在数理逻辑方面做出了巨大贡献。在 1920 年的博士论文中，证明了罗素和怀特海提出的命题的演算的相容性和完备性，系统地运用了真值表法则；讨论了命题逻辑多值系统的建立并引入了多值真值表。

[2] 波斯特对诸多理论家的贡献进行了评价，如波德里亚、利奥塔、哈贝马斯、哈拉维以及瓜塔里。他以《信息方式——后结构主义与社会语境》一书为基础，进一步发展其具有独创性的独特方法，并以此方法分析了数种文化材料，如 Spike Lee 的影片《做正确的事》，瓦格纳的歌剧《尼伯龙根的指环》以及对海湾战争的电视报道。

介海量存储的特性，使互联网可能成为一个特殊的数据库。这种数据库的特征，为当下热门的"大数据"时代提供了技术上的依据和可能。可以说，大数据时代的发展，离不开互联网数据库这一特征的功劳。

四、电子信息反商品化的特征

所谓商品化，是指像物品、观点甚至服务等看似不是货品的事物向商品进行转变的过程。而电子信息中的反商品化是针对商品化来说的，结合电子信息的特点可以看出，电子信息互换不被时间和空间所限制，同时成本较低。利用互联网去交换电子信息，可以使人们在知识共享方面的需求得到满足。正是在互联网商业模式的运作下，网络用户既是信息的消费者，也是信息的生产者，把商品变成了不具备或者只有很少买卖及交换价值的普通物品，在商品化过程中的产品及服务当然也包括在内。电子信息反商品化的出现主要是因为人们有了分享的精神。在互联网的商业模式下已经显现出了互联网电子信息反商品化的特征，而这种趋势也会在以后的发展中一直持续下去。

五、互联网的符号互动特征

互联网沟通包括电子邮件、电视会议、电子公告栏、万维网等。早期人们只是将计算机或网络的传播视为人基于组织内沟通的辅助工具，但随着信息量的增加，越来越多的计算机相互连接，从而构筑起网络，并基于传统的语言而发展出一种新的语言形式。

六、数字化特征

在互联网之中，无论是信息保存的形式还是媒介信息的转换、传播、复制和散布，都是以数字化的形式得以存续。因此，互联网具有数字化的特性。

第四节　互联网时代的高校教育发展

随着互联网时代的到来，我国高校教育发展也面临着改革。互联网对于教育的深刻影响是显而易见的，也是持续的。因此，我国高校教育必须顺应发展趋势、抓住机遇、乘势而上，加快推进教育现代化进程。为了更好地满足互联网时代人与社会的发展需求，我国高校教育应从以下几方面进行转变。

一、知识传递向网络化与内需化转变

（一）知识获取的便捷性与直观性

在互联网时代，移动终端的普及使得人们能够通过智能终端将碎片化的时间充分利用起来做一些有意义的事，同时给人们的学习、工作和生活带来了很大的便利，使人们不管是在传播信息还是在获取知识方面都更方便且直观，使人们交流、学习以及思考的方式发生了巨大转变。

在这样的发展背景下，以培养人才为目的的各高校要抓住机会，充分利用网络传输方面的优势使知识服务在深度和广度方面都得到提高。一方面，高校的学生生活在信息时代，他们除了是在高校接受教育的对象外，也是微信、抖音等软件的使用群体，因此，他们习惯通过各种应用软件来获取知识。另一方面，随着科学技术的发展，高校也要与时俱进，丰富教学手段，改进教学模式，使学生可以更方便地获取知识和信息。

（二）知识获得趋向按需分配

以往在利用信息技术进行辅助教学时主要是基于行为主义理论，采用以教为主的教学模式，在进行知识的传递时教师往往将注意力放在学生的外在表现上，向学生传授很多程序性及陈述性的知识，这种传授知识的方式忽视了学生的学习动机及学习兴趣，不利于培养学生的想象力与创造性，也会使学生慢慢对学习失去兴趣。而互联网使学生在学习中享有主体地位，以学生的真实需求及兴趣为出发点，使学生可以通过在线检索来获取自己所需的资源，并实现知识体系的建构。学生可以根据自己的需求制订计划、树立目标，遇到问题时也可以自行组建学习社区，通过与他人的交流讨论来互相学习，从而寻找解决问题的策略。可见，互联网遵循的是知识获取按需分配的理念，使知识的获取权牢牢掌握在学习者自己的手中，使学生可以基于自身的实际需求去获取知识，从而进行心智模型的建构，使得以往高校偏离的以教为主的教学模式发生了转变。高校教育应与时俱进，对自身的教育内容、教育模式、教育方法等方面进行改革与创新，要以学生为中心，重视学生的真实需求，真正将注意力放到如何提升教学质量上。换句话说，高校教育在进行知识的传授时要学会按需分配。

高校应该是学生实现自我、探寻真理的地方，应该让学生学会用思想来武装自己，在这里，不仅要让学生接受知识的熏陶，还要让学生充分发挥获取新知的积极性，积极、主动地探索、发现和创新，而不是被动地接受学习。

二、教学向个性化与互动型转变

随着信息技术及知识经济的发展，人们获取知识与信息的方式发生了翻天覆地的变化。如今全球化发展进程不断加快，人的全面发展及创造性发挥的重要性越来越被凸显出来。因此，在这样的发展背景下，教育应面向全体学生，同时要培养全面发展的人才，而要想实现这一点，各高校在教育教学方面就要加快互动型及个性化的转型。

（一）以因材施教为基础的个性化学习

所谓因材施教，就是在教育教学中，教师要基于教学目的研究每一名学生的个体特质，然后灵活地创设个性化的教学情境，使整个教学活动与学生的实际需求相符，充分挖掘学生的个体潜质，真正实现个性化教育。个性化教育一定是在尊重学习者个体差异的基础上展开的，教师要尊重学生的自主选择，为学生提供丰富的学习资源，使每一名学生都能自由地发展。因此，在互联网时代背景下，教师必须基于因材施教的理念对学生进行个性化教学，从而使学生在自主学习的过程中充分发挥自己的潜能。

第一，教师要始终相信，每一名学生都有成长成才的机会。教育不应该带有功利性，而是要将重点放在如何挖掘个体潜能上来，可以说，将每一个生命真正唤醒，使其灵性能够彰显出来，这才是教育真正的意义所在。作为一名教师，必须将教育看作一种信仰，要真正站在生命的立场去关注每一名学生的成长，要想办法通过自己的教育教学，使学生的天赋得到发挥，使学生牢牢抓住自己安身立命之本。

第二，在具体的教学中，教师的教学策略要具有多样性，以适应学生的个性化发展。多元智能理论[①]认为，个体拥有 8 种或 8 种以上的智能，但由于其量以及组合方式的差异才使得个体会呈现出不同的风格。所以，要想适应学生

---

① 多元智能理论（theory of multiple intelligences，简称 MI 理论）由美国教育学家和心理学家加德纳（H.Gardner）博士提出，是一种全新的人类智能结构的理论。它认为人类思维和认识的方式是多元的。

的个体化差异，教师所采取的教学模式也应该是多样化的。教师通过多元组合以及交替策略，让学生可以根据自己的长处及喜好做出选择；同时，教师还要多为学生创造接触其他学习活动的机会，促进学生的交流互动，使学生能够全面发展。另外，在互联网为人们提供了更多丰富的开放性资源的情况下，教师也可以在课程设计中充分利用互联网这一优势，丰富课程的内容和形式，提升教学效果。

第三，教师在评价学生时要做到全面和客观。教师如果仅仅以分数为依据来评判学生的优劣是不全面的，这会对学生学习的积极性造成很大的打击。也就是说，教师在对学生进行评价和引导时，要做到客观且有针对性，在学生骄傲时要给出一定的警示，在学生有消极情绪时要找出原因所在，及时予以鼓励，这样才能使学生始终处于螺旋上升的状态。

（二）教师角色的转变

一直以来，教师都被视为传道、授业、解惑的职业，在传统的高校教育模式中，教师是主体，扮演着知识传递者的角色，教学传播方式是自上而下的，教师与学生的关系体现为传授和接受的关系。在互联网时代下，知识是媒介和催化剂，学生是中心和主体。一所高校的学生通过网络可以研习另一所高校的课程，高校以外的人员也有接受高等教育的机会。在此种背景下，教师的角色将由传统的一元化向多元化转变。正如陈荣武所说："网络教育中教师是一个复合型社会角色的总和，从事网络教育的教师的理想角色，是经过专业训练而成为网络教育教学的设计者、参与者、组织者、引导者、服务者、合作者、研究者和创新者，同时担当导学员、信息员、管理员、咨询员、辅导员、协调员、监督员和裁判员等角色。"[1]

对于这样的转变，在教育信息化背景下，首先，教师要树立正确的角色认知，通过实例宣讲或试验对比等方式，认识到传统教师角色的不足，应在实际教学中时刻反思自己所扮演的角色能否满足和促进学生发展的要求。实践证明，只有积极转变教师角色才能更好地适应教育教学的发展。其次，学校应该建立良好的激励机制，给予教师一定的物质奖励和精神激励，鼓励教师在教育信息化

① 陈荣武，丁青华，应卫勇. 网络教育环境下教师的角色重塑与功能转换 [J]. 中国成人教育，2011（12）：66-68.

发展的道路上有更充足的前进动力。再次，高校可通过举办各种课程设计大赛，充分调动教师教学的积极性和创造性。最后，高校可开展信息技术校本培训，促进高校教师角色转变。校本培训包含三层含义，即为了学校、在学校中和基于学校。高校应充分利用各种资源，设计规划适合本校的信息技术培训课程，通过相应的培训，保障教师能很好地进行角色转变，更好地满足学生的需求。

三、人才培养向自我实现与公民责任转变

（一）人人可以成才的自我超越或自我实现取向

自我超越的概念是指人真正的追求是超越自我，这种追求包括对自然、社会以及人的所处位置的探索。通过自我超越，人可以重新认识自己，冲破成长的上限，挖掘向上的精神，以一种积极的态度追寻梦想，直面生活。自我超越是人的基本特征，自我超越的过程是人不断成长并完善的过程，人要想实现这个过程先要有自我意识。自我意识是一种自我认知，是对"我是什么"的提问。这一提问也是教育当中的不解之谜。教育的对象是人，所以"我可能是什么"也是教育使人提出的一个永恒问题。教育就是使人在不断的自我否定中创造出新的自我，换言之，教育的使命就是引导人走向自我超越或自我实现。

因此，教育，尤其是高校教育要回归教育原点方能实现人的自我超越。高校教育对人才的培养应树立一种人人可以成才的理念。相信"人人都可以成才"是一种自我意识，它不是教育要实现的预设目标，而是一个追求不断成长、以求达到自我实现，并进行自我超越的过程。追求这样的过程，人的内在动力才会不断被激发，教育才能彰显其本真色彩。

（二）同理心驱动的公民责任

"同理心"这个词语最早出现于希腊文，属于情商的一部分，它指的是在人际交往中，可以敏锐感知并理解他人的想法、感受、情绪的能力，有同理心的人可以做到理解和关怀他们，能够设身处地地为他人考虑，会尽量避免与他人产生冲突，容易认同和包容他人。

同理心是人类与生俱来的一种能力，在发展心理学中是这样看待同理心的：人还是襁褓中的婴儿时就已经具备了同理心，然而，人的发展充满了各种不确定性，因此，人所具备的同理心也会在成长的过程中不断变化。而对于人类同理心的形成，孩子成长过程中所受的受教育方式则有着巨大的影响力。如果再

加上父母的正确引导，让孩子明白自己的行为会给他人带来重要影响，就会使孩子的同理心从小得到培养。相反地，假如父母及教师更加关注问题或者行为的本身，孩子的同理心可能就比较单薄，而如果长期处于这样的教育模式下，孩子可能就会同理心缺失。只有让孩子多关注他人的感受，重视自己的行为对他人造成的影响，才会唤起孩子的同理心。长此以往，孩子的生活及心理体验就会更加充实，同理心会增强，情感会变得更加丰富。

如果一个人的经历变得丰富且关系更加多元，就会更加理解自己所生存的现实背景。虽然学生人生经历不够丰富，但是教师可以引导学生去分享自己在生活中的点点滴滴，培养学生解决问题的能力，对有心理障碍的学生进行心理疏导，唤醒学生的同理心，促使学生之间的感情更加亲密。虽然在网络社会中人们通过线上交流也能加强彼此之间的情感交流，但是，人们在网络世界的互动中产生的感知度是非常有限的，所以还是要多进行面对面的沟通。高校要营造一个亲切和谐的氛围，使学生被充满温情的气氛包围，以唤起学生的同理心。

总而言之，在人才培养的过程中，教师应重视对学生心理特征的把握，要引导学生积极健康地成长，充分发挥同理心的驱动作用，以促进学生之间建立起亲密的关系，为国家和社会的发展培养更多高质量人才，促进社会的和谐发展。

part*2*

第二章

高校教育管理的基本理论

第一节　高校教育管理的内涵

一、管理的内涵

管理一般是指在特定的环境下，对组织所拥有的资源进行有效的计划、组织、领导和控制，以便完成既定的组织目标的过程。管理是人们依据社会发展的客观规律和在特定历史条件下有意识地调节社会系统内外的各种关系和资源，以便达到既定的系统目标的过程。很显然，这两个表述并不矛盾，只是表述的方式稍有差别而已。前一个表述直接一些，比较简单直观；后一个表述宏观一些，是从社会系统的角度进行表述的。管理的含义包括以下三个方面。

（1）管理是为实现组织目标服务的，是一个有意识、有目的的活动过程。管理是任何组织都不可或缺的，但绝不是孤立存在的。只要有组织及其活动，就存在管理问题。就管理本身而言，管理不具有自己的目标，不存在为管理而管理，管理是依附于活动而存在的，没有活动也就不存在管理，组织活动的目标就是管理的目标，而管理是服务于组织目标的。

（2）管理活动是通过一系列相互关联的资源要素进行的，管理工作就是要综合运用组织中的各种资源要素，通过计划、组织、控制等来实现组织目标，达到活动的目的，这是管理的基本职能。

（3）从管理本身来讲，管理活动应该按照自己的规律进行，但现实中管理活动的资源并不是孤立存在的，管理工作是在一定环境条件下进行的。管理是一种社会活动，有效的管理必须充分考虑组织的特定环境。

一般管理理论最早诞生在法国。当美国拉尔夫·泰勒及其追随者在美国研究和倡导生产作业现场的科学管理原理和方法的时候，大西洋彼岸的法国诞生了组织管理的理论，被后人称为一般管理理论或者组织管理理论。与拉尔夫·泰勒主要研究基层作业的管理理论不同的是，一般管理理论是站在高层管理者的角度研究组织管理问题的，在此基础上，现代管理理论的研究发展很快，形成了许多管理的经典理论和体系。根据研究对象的不同，管理可分为广义的管理和狭义的管理。广义的管理可以是针对大自然中的万事万物的管理；狭义的管理只是针对某项具体活动，以及这些活动中的资源所进行的计划、组织、领导和控制。人们研究的管理通常是狭义的管理，即组织管理、行为管理、活动管理。活动的结果实际上是人的能动性的结果。管理的实质是人，是管理者与被管理者之间矛盾的解决。因此，管理就是管理者、被管理者、事项三方形成的特定的活动。

从活动的规模方面，管理可以分为宏观管理和微观管理。从具体的活动内容方面，管理可以分为综合管理和专项管理。从形式上，管理可以分为紧密管理和松散管理。当然，这些区分也只是相对的。

二、管理的基本理论

管理理论有很多，随着现代社会的发展、人们认识水平的不断提高、社会活动的不断丰富，管理理论也在创新和发展。系统管理理论、人本管理理论、目标管理理论、标准化管理理论、组织管理理论、模糊管理理论、混合管理理论等只是众多管理理论中的一部分，它们既是管理的理论，也是管理的思想和方法。

（一）系统管理理论

系统管理理论指出，管理的任务就是协调系统中的各个子系统以及系统要素，以保持系统的动态平衡，取得系统最佳运行效果。这种管理理论及其方法的核心是把管理看作一个整体的系统，系统就要有系统要素，系统要素就是人、物、活动及其项目。这种管理的理论和方法一般应用于大的军事战略、建设工程、大型活动（内容复杂、组织规模大、投入量大、长时间与长周期）。当然，这也只是相对而言的。

（二）人本管理理论

人本管理理论是以人为中心的管理。实际上，这种管理是最难以做好的，如果把握不好，有时候会出现偏误。有效的人本管理实质上是人的权力的利用和利益的分配，在这种过程中，既要尊重人，又要充分发挥人的潜能。人本管理的目的就是发掘人的最大潜能。这种潜能既是被管理者的，也是管理者的。管理者的潜能是工作的积极性和表现出来的工作效益，被管理者的潜能是管理者的思想施加结果的体现，二者结合才能达到管理的最佳效果。

人本管理理论虽然是一个相对比较早的管理理论，但是在实践中被成熟应用并不是很多。究其原因，传统的、单纯的人本管理理论十分强调管理的"人"的素质，可以说，低素质的人是很难运用好人本管理理论的，因为一个管不好自己的人同样也管不好别人，更不用说有效地运用好人本管理理论了。现代人本管理理论加入了一些新的元素，即在人本管理的基础上加入制度管理，形成一种新的人本管理理论。

（三）目标管理理论

目标管理理论是一种与利益相关联的刚性管理模式。这种管理理论和方法实际上是与价值理论密切相关的，甚至可以说是以价值理论为基础的。目标管理理论要有一个预先设置的价值目标，然后以这个价值目标的实现为核心而展开管理活动。对价值目标的认同是目标管理的前提。目标管理理论强调，组织目标的制定要得到所有组织成员的认同，没有获得认同的组织目标是不切实际的目标，是难以达成的。有人说目标管理只注重结果，这是错误的说法。最新的目标管理理论不仅注重管理活动的全过程，除了最先确定价值目标、最终对完成价值目标的检验外，还对过程实施严格监督，让目标按既定的方向完成。目标管理的目的不是既成事实，而是要让管理者与被管理者通过共同努力，逐步向既定目标靠近。以价值目标为中心的目标管理活动是一种刚性的量化管理，因此其执行也是刚性的。目标管理理论除了注重价值目标外，在具体的应用中还要注意公平问题，这是由目标管理理论的刚性所决定的。

（四）标准化管理理论

标准化管理理论是在专业化管理的基础上，由管理者组织专家制定管理的标准，并通过一定的法律程序予以确定。这种管理的思想十分明确，最朴素的道理就是"没有规矩，不成方圆"。标准化管理虽然是组织和专家行为，但标准并不是武断的，它既要有权威性，又要有社会基础和群众基础，是通过科学的过程制定的。在这个过程中有两个十分重要的环节：一个是标准的制定，另一个是标准的执行。其中，标准的执行是标准化管理的核心，是成功的关键。在管理活动中，有了标准却不好好执行，就会影响标准化管理的效果。然而，这与标准化管理本身无关，而是与实施标准化管理的实践有关。

（五）组织管理理论

组织管理理论的实质是最高决策层设置管理的各级组织，规定各级组织的职能，通过领导核心、组织授权、组织实施等进行的管理。组织管理的重点是组织结构的设计，关键是组织职能的授权。组织管理活动要有严密的组织结构，明确的组织目标和组织功能，以及有一套有效的组织运作机制，否则，再科学的理论，再完善的组织功能，也会影响组织管理活动的开展。

（六）模糊管理理论

模糊管理理论是一种现代的管理思想和方法，它运用模糊数学的管理思想与技术进行管理。这是一种在高层次人群中实施的管理行为，是一种软性管理。简单管理没有必要运用模糊管理，只有在复杂的、庞大的、中长周期的、高智商的管理活动中，模糊管理才能发挥其最大作用。

（七）混合管理理论

实际上，在组织活动中，特别是在比较大的组织活动中，常用的是混合管理模式。混合管理是多种管理思想和方法的组合，在规模比较大的组织中，管理的内容比较复杂，头绪很多，活动项目的性质差距较大，运用某一种管理方式来进行全盘统领往往是不可能的，最好的方法是运用混合管理来完成管理。

三、高校教育管理

高校教育管理是根据高校教育的目的和发展规律，调配高校教育资源，调节高校教育系统内外的各种关系，进行计划、组织、领导和控制，以便达到既定的教育目标的过程。从教育管理的层面来讲，高校教育是中等教育基础上的教育。

（一）高校教育管理的依据

高校教育管理的概念首先指明了高校教育管理活动的依据是高校教育的目的和发展规律。高校教育的目的是为社会培养各级各类高级专门人才。各级各类高级专门人才的教育包括：在类别上有普通高校教育、成人高校教育；在性质上是公办高校教育、民办高校教育；在层次上有专科教育、本科教育、研究生教育。这些教育的目的和目标是管理的根本依据。高校教育影响学生的身心发展，其通过德育、智育、体育、美育等过程，培养全面发展的人。只有把人作为社会关系的总和来看待，才能对人的发展有全面的理解。因此，各级各类教育过程都有其自身的客观规律，只有正确认识它们的客观规律，才能实施科学的管理。高校教育受到一定社会经济、政治、文化的制约，并为一定的经济、政治、文化发展服务。因此，生产力和科学技术的发展水平，社会的制度、文化传统都对高校教育活动产生制约。无论是国家宏观的高校教育发展政策的制定，还是高校培养人的过程，都必须达到高校教育的目的和遵循高校教育发展的客观规律，这也是高校教育管理的出发点。

（二）高校教育管理的任务

高校教育管理的任务是指有意识地调节高校教育系统内外的各种关系和高校教育资源，以适应高校教育发展的客观规律。从一个国家或者地区的角度来讲，高校教育系统是国家或者地区社会系统中的一个子系统；从高校教育组织系统的角度来讲，高校也是一个子系统。由于系统中存在着矛盾，高校教育管理的任务就是协调并最终解决系统中存在的矛盾。在高校教育管理中，要用系统论的思想来设计高校教育的整体与各部分之间、要素与要素之间、学校系统与外部环境之间、学校系统内部的子系统之间的相互关系，树立整体的观念，并通过有效管理实现系统要素间的整体优化。

（三）高校教育管理的目的

高校教育管理的概念指明了高校教育管理的目的是不断促成高校教育系统目标的实现。在高校教育系统中，培养人是根本目的，高校教育系统的一切工作（包括管理工作）都必须围绕这一目的展开。高校教育管理是对高校教育系统中各种关系和资源的协调，通过有效管理，确保高校教育目的的实现。因此，高校教育管理最终也只是手段。当然，高校教育管理有其自身的需要及其自身的目的，如效率就是管理的目的之一。

综上所述，不论是宏观的高校教育管理，还是微观的高校教育管理，都是依据国家的教育方针，组织的发展目标，高校教育的基本规律，社会政治、经济、文化的发展背景与环境，通过立法、行政、经济、市场等手段进行协调和控制，保证高校教育人才培养质量，推动科学文化知识创新，促进社会进步等目标的实现，最终实现高校教育的可持续发展。

第二节　高校教育管理的本质

一、高校教育管理的行为

（一）管理行为

管理行为具有特殊的表现形式，它是管理过程和效果的具体体现，过程和效果反映了管理活动的基本特征。要认识管理的过程和效果，首先，必须分析管理行为，其次，分析这些行为与效果有什么关系。

管理方格理论是由罗伯特·布莱克和简·穆登提出来的。基于人们对主管人员的要求——不仅要关心生产，而且要关心人的重要意义，他们巧妙地设计了方格图以醒目地表示这种"关心"。他们把这种方格图作为训练主管人员和明确各种领导方式之间不同组合的手段。这种方格有横向维度和纵向维度两个维度。其中，横向维度是"对生产的关心"，纵向维度是"对人的关心"。"对生产的关心"一般是指对工作所持的态度，如程序与过程、研究的创造性、职能人员的服务质量、工作效率以及产品质量。"对人的关心"包括许多因素，如个人对实现目标所承担的责任、保持下属的自尊、建立在信任而非顺从基础上的职责、保持良好的工作环境以及具有满意的人际关系。

管理方格理论列举了以下几种类型的领导方式：一是贫乏的管理。为完成工作和保持组织士气所需要的最基本的努力。这类主管人员对职工、对生产关心不够，通常会以最少的努力去完成应做的工作。这种管理是很少见的。二是权威与服从管理。这种领导方式通过不考虑人的因素影响的方式安排工作，获取效率。管理者比较注重生产，试图把人的因素影响降到最低，以达到完成生产任务、提高效率的目的。三是乡村俱乐部管理。这种领导方式周到地注意人的需要进而形成友善的组织气氛和顺畅的工作进度。管理者注重职工的需求，注意建立良好的人际关系。这类管理者认为，职工心情舒畅，生产就会好，因此，他们试图通过创造良好的工作环境、良好的人际关系来提高工作效率。四是协作管理。这是一种松散的管理模式，以一种协作者的心态，由所委任的人完成工作，委任双方因在组织目标上有共同利害关系而互相依赖、互相信任、互相尊重、互相协作。

根据管理方格理论，领导者可以对自己的行为做出评价，但是理论并未告诉我们，为什么一名领导者会处于方格图中的此处或彼处。需要指出的是，"最好的"方式也只是从理论上说的，要求领导者都成为理论上那样的人是困难的，领导者需要根据不同的环境和因素选择不同的管理方式和管理行为。

（二）行为类型

在教育行政管理中，管理内容可分为两类：一类是创建组织机构的行为（为了实现组织的目标），另一类是体贴关心下属的行为。这种分类体系在西方教育行政管理中是很著名的。创建组织机构的行为是指领导者在描述自己与集体成员之间的关系时，致力于建立被充分限定的组织的类型、建立信息交流渠道以及具体实施过程中的所作所为。这主要包括领导者为实现组织目标而与下属产生的各种相互作用，让下属了解自己的意图和态度；与下属一起实验或实施自己的新想法和新计划；指定下属去完成某些特定的任务；对工作进行检查和评价；制定推行某些标准、制度和规范；促进下属之间的相互合作；等等。体贴关心下属的行为是指领导者在与下属的相互关系中表示友谊、信任、尊重、温暖、支持、帮助以及合作的行为。表现有：对下属表示理解与支持；愿意倾听下属的意见；关心下属的个人利益；尽量与下属商量问题，让他们参与组织计划；平等、公正地对待下属；乐意进行改革；及时将下属的建议付诸实施；等等。

（三）领导行为

高校教育管理中的领导行为是一种主要的管理行为。这种管理行为同样可以分为两类，即创建组织机构的行为和体贴关心下属的行为。高校教育管理的领导行为所针对的组织系统、组织目标、组织成员人际关系等都有自己的特殊性，与其他许多社会系统的情况有所不同。比如，在高校管理中，领导者要全力完成的是教学任务和科研任务，同时以人才培养为核心。但是要搞好教学与科研工作，领导者就必须抓好有关的后勤配套工作，同时从各方面关心和支持一线的教学、科研人员。从理论上讲，领导者可以调整自己的行为，以适应某一特定的环境和任务。在实践中，领导者不能也不应该只关注某一类行为，而应当根据具体情况决定采取什么样的领导行为。在这种时候，领导艺术是帮助领导者取得成功的手段。从宏观角度来看，在高校教育管理中，国家和地方政府对高校的管理内容之一是规范高校的办学行为，高校既要按照国家的政策规范办学，又要办出各自的特色，这既是矛盾的，又是统一的，但最终的目标是一致的。具体地讲，在完成高校教育目标的过程中，为实现目标而履行领导的职责时，需关注的领导行为主要有以下几种。

1. 行政领导者的行为

行政领导者的行为主要包括各级管理者作为负责人行使领导职责时的行为。领导者的职责就是对目标的实现或目标的改变所需的集体活动进行激励、协调与指导。如果不能做到这些，那就是对领导责任的放弃。一般来讲，到了高校这一层面，领导者的行为要对高校教育主管部门负责。各高校围绕教育系统目标进行的活动在形式和内容上各有特色，即使是同一专业、同一课程的教学活动，在各校之间也是不完全一样的。由于各校的教师、学生在知识水平、能力结构、兴趣爱好、心理需要以及性格特征、校园文化等方面存在着明显的差异，各高校的领导者为完成组织目标而行使领导职责时，所面临的环境和条件也各不相同，所采取的领导行为当然也是不相同的。

2. 组织集体中的领导行为

高校教育系统中的各级领导者要为组织目标的顺利实现创造各种各样的条件。就组织目标的顺利实现而言，领导者的行为所产生的作用分为直接作用和间接作用。

直接作用包括创建某些专门的组织机构和程序、指定专门的人负责完成某项或某方面的工作、对下属的工作进行检查与督促、聘请某一方面的专家等直接行为所产生的作用。

间接作用指不直接参与各类具体的计划，但对计划的制订以及实施过程施加各种形式的影响。例如，提倡某种领导风格、实施某种奖惩措施、颁布某类晋升标准等做法都会对各项具体工作的开展产生重大影响。换句话说，虽然领导者的行为不会对某些特定的具体活动产生影响（起直接作用），但对这些活动顺利开展并取得成功所依赖和借助的各种组织机构、过程和程序产生影响。

组织集体中的领导行为有时起到积极作用或者干扰作用。因为领导行为具有权威性，所以，领导行为应该是分层的、积极的、适度的、有效的。所谓领导行为的分层，是指各级的领导行为是有区别的，下一级的领导不能做上一级领导的事，否则就是越级。领导行为的积极性是指领导的行为对于组织的作用是正面的，不会产生负面影响，否则，领导的行为肯定是错误的行为。领导行为的适度不分哪一级，不管是哪一级领导的行为都必须有一个度，超过了这个度，可能适得其反。有效的领导行为对管理活动产生好的影响，并且与管理活动的结果相辅相成。领导行为有效与否，由管理活动的结果来检验。

二、高校教育管理的目标和方法

（一）高校教育管理的目标

相对于其他社会系统而言，高校教育系统有其独特的活动主体和活动目标，这就使高校教育管理同其他社会系统的管理区别开来，表现出它的特殊性。高校教育的总目标是培养高级专门人才、发展科学技术，并与社会经济发展的需要相适应。高校教育管理活动就是要在这一目标的指导下，通过制度和机制对高校教育系统的战略规划、资源调配进行协调。高校教育管理的本质就是协调高校教育系统有限资源的投入与高效地实现高校教育总目标的矛盾。

无论将高校教育系统分解为怎样的子系统，高校教育系统都必然要求各子系统在目标上协调一致，不仅每个子系统的目标要与整体目标协调一致，而且每个子系统的目标要与自己内部组织成员的个体目标相协调。更重要的是，每个子系统的目标与实现这些目标的条件之间需要相互协调，这就形成了管理活动的整体性和普遍性，即每个子系统都需要协调。高校教育系统内部的层次性使高校教育管理活动也具有层次性，这就形成了一个多层的、多级的、专门的系统，即高校教育管理系统。协调蕴含于各子系统之间，对各子系统进行目标设计、资源筹集和分配，分析系统的活动信息，即通过政策、制度和一些技术手段协调系统成员的活动，以达到系统所设计的目标。从事这些专门活动的管理人员（管理者）的活动所构成的有机整体就是管理系统。

马克思对"管理"曾有过精辟的论述："一切规模较大的直接社会劳动或共同劳动都或多或少地需要指挥，以协调个人的活动，并执行生产总体的运动（不同于这一总体的独立器官的运动）所产生的各种职能。一个单独的提琴手是自己指挥自己，一个乐队就需要一个指挥家来指挥。"该论述揭示了管理所包含的几方面含义：管理是集体协作劳动的共同需要，即"或多或少地需要指挥"；管理必然有管理者，管理协作对象主要是组织及其成员；管理是执行生产总体运动所产生的各种职能；管理的职能主要是指挥和协调他人的活动，同时把自己也置于管理活动之中，以取得成效；管理的目的是取得比各个独立的运动效益之和更大的效益。

管理活动的普遍性指管理活动作为人类活动的一个重要方面，普遍存在于人所构成的各种组织机构中。专门管理者的出现体现出社会系统在结构层次上的性质，表明个人在社会系统中具有的不同位置、作用和性质。既然管理活动中人是管理的主体，显然，权力是管理系统赖以存在的基础，权力对人的活动的约束性使人们按一定的方式组织起来，以便实现系统的整体目标，也在一定程度上体现了权力在协调中的作用。

（二）高校教育管理的方法

就一个国家或地区而言，把高校教育放到社会的大背景中，政府对高校教育的协调是使高校教育的层次、规模、结构、水平、质量、效益协调发展，与社会的政治、经济、文化的发展相适应，如果不相适应，就必须进行协调。对于高校教育的组织——学校来说，它是高校教育系统中的子系统，学校的类型因区域的差别、体制的差别、机制的差异、管理者的差异等有所不同，存在的矛盾也是多种多样的，有总体目标与部分目标之间的矛盾、有长期规划与近期规划之间的矛盾、有整体利益与部门利益之间的矛盾、有组织利益与个人利益之间的矛盾。如果不对这些矛盾加以协调和解决，既会影响高校教育系统的运行和发展，也会影响高校教育效益的最优化。高校教育的协调任务与高校教育管理的本质要求是相一致的，体现了高校教育管理的基本矛盾和本质特征。此外，高校的管理者要通过领导的权威性和艺术性来调配和协调组织内部的各种资源，实施有效的管理。

只有了解管理活动中冲突的本质才能对症下药地协调。冲突是指由于工作群体或个人试图满足自身需要而使另一工作群体或个人受到挫折时的社会心理现象。冲突表现为双方的观点、需要、欲望、利益或要求不相容而引起的一种激烈斗争。冲突是人类社会的一种普遍现象，它具有有利和有害两种结果。从有利的方面看，冲突的解决能促进组织的发展，可以增强干劲，形成一种激励力量；它还能促进交流，诱发创新。从有害的方面看，冲突使人产生情绪压力，影响人的身心健康。剧烈的冲突带来的破坏会浪费资源，不及时解决冲突会影响组织运转，破坏组织目标的实现。因此，必须探讨冲突产生的根源及解决途径和方法，便于协调。

一般来说，在集体组织成员之中总会存在许多不一致，某些不一致还可能上升为矛盾，这些矛盾关系中比较激烈的便会转变为明显或不明显的冲突。冲突一般分为三种类型：第一类是认知性冲突。由信息因素、知识因素、价值观因素等引起的冲突都属于认知性冲突，这类冲突随着双方认识趋于一致能够得到缓和。第二类是感情性冲突。感情性冲突是一种由非理性因素引起并为这种非理性因素所控制的冲突，也可能是由认知因素诱发，最后为非理性因素所支配的冲突。个性相抵是这类冲突最常见的诱因，它持续时间长，破坏性大。第三类是利益性冲突。这是一种由本位因素引起的目标冲突。社会中的个人和群体在处理问题时所关心的利益不同，从本位出发就可能引发矛盾和冲突，伴随利益的再分配，这种冲突可以克服。在日常的社会活动中，随处存在可能导致冲突的因素，一旦有了起因，这种潜在的冲突随时会转变为现实的冲突。

1. 冲突的产生

冲突的产生一般有以下几方面原因：

（1）人的"个性"。从人的本性讲，当不满情绪积累到一定程度时就会产生冲突，因此需要适度发泄。

（2）有限资源的争夺。资源总是有限的，而需要却是无限的，为争夺有限的资源而产生的冲突在所难免。

（3）价值观和利益的冲突。有不同经历的人的价值观容易形成冲突，部门和个人也都可能因利益而产生冲突。

（4）角色冲突。由于所承担的角色不同，个人和群体都有其特定的任务和职责，从而产生不同的需要和利益，因而发生冲突。

（5）追逐权力。这是一种欲望的争夺。

（6）职责规范不清楚，导致对任务的要求有冲突。

（7）组织的变动。组织的变动会导致利益的重新组合，因而产生冲突。

（8）组织风气不佳。

单从冲突的结果看无外乎三种可能，即一胜一败、两败俱伤、两者全胜。显然，前两种结果都不是理想的结果，这两种结果往往潜伏着第二次更大的冲突，管理过程中应尽量避免这两种结果。第三种结果是在双方都较满意的基础上解决冲突而得到的，这是可取的解决问题的方案，需要很好地协调。有效协调是协调的目的。

2. 有效协调与解决冲突的方法

有效协调与解决冲突的方法如下：

（1）认知性冲突的协调方法。在高校教育管理中，从宏观方面来讲，在高校教育如何适应国家政治、经济、文化的发展，每一个发展时期如何规划，高校教育发展速度的快慢，高校教育的科类层次结构等因素的确定上，不同的决策者及管理者会有不同的意见，甚至产生矛盾。微观高校教育管理都是非常具体的管理活动，在学校如何定位和发展，如何运用有效的教育资源，如何拟定培养目标、课程内容和培养计划，如何具体展开教学与科研活动，等等，这些问题都可能导致矛盾和冲突。一般来讲，增加交换看法、交流协商的机会，消除可能由于误会与信息不全所导致的认识上的不一致，是解决矛盾冲突的方法之一，这需要领导者的权威和协调能力。具体来讲，要解决矛盾和冲突，最好的办法就是在学习和研究的基础上，在开展对高校的教育思想、教育观念的大讨论中进行认知统一；提供公开交流的平台和场所，消除形成矛盾和冲突的原因，使组织成员和冲突各方在方向上达成一致，提高他们的认识水平。

（2）感情性冲突的解决方法。感情性冲突是一种非理性的冲突，主要存在于微观高校教育管理活动中，是某个方面的具体事项，带有个人的感情色彩。感情性冲突的原因可能是一些微不足道的小事，也可能是冲突双方不同的性格引起的，甚至可能找不到原因。在高校教育管理中，解决这类冲突的方法如下：一是提高组织成员的心理素质，使其具有能够承受一定的情感冲突的能力；二是提高组织成员的认识水平，让他们认识到冲突的原因是微不足道的，冲突可能会产生严重后果；三是制定合理而公正的奖惩制度，遵守规章制度的原则性，对感情用事而导致不良后果的组织成员做出处理；四是进行感情牵引，将组织成员的感情向有益的方向引导，如完善和改进目标管理，把组织成员的注意力集中到实现共同目标上去。

（3）利益性冲突的协调方法。如果利益的消长或损益幅度不超过某一程度，则这种冲突对集体的凝聚力和组织目标没有太大的破坏作用；如果冲突超过了某一程度，则会导致整个组织或系统瓦解。因此，需要解决并能够解决的利益冲突基本上是处于这两者之间的利益冲突。

利益冲突是冲突各方在各自追求最大利益的过程中形成的。利益冲突所围绕的中心就是利益，而利益在每个人的眼中是不一致的。一般说来，出现冲突时，组织中可能存在无数个个体利益，也可能存在多个不同规模的共同利益，但最大的共同利益只有一个。

在高校教育系统中，各子系统甚至更小的群体和个人，都有自己的切身利益。比如，高校教师在进行教学科研工作时，一方面在完成高校教育的任务，另一方面在追求自身的利益——职务的晋升和自我价值的实现。这里，职务晋升是引起冲突的原因之一，而制订公平合理的晋升方案是解决冲突的关键。此外，在人员任免、经费分配、改革方案实施等方面，同样存在着各种利益冲突。如果忽视这些矛盾和冲突，想调动全体教职工的积极性，充分发挥他们的创造精神，就会更加困难。

因此，在解决矛盾时，要注意两点：一要通过政策法规来约束，明确整体与局部利益、局部与局部利益、个人与组织利益、组织与组织利益、个人与个人利益之间的关系，公平、公正地化解利益冲突；二要加强思想政治工作，将物质奖励和精神鼓励结合起来，引导矛盾双方处理好国家、集体、个人三者之间的关系，这是高校教育管理化解利益冲突的重要手段。

总之，我们不仅要充分认识高校教育系统中，特别是在微观高校教育管理中存在的矛盾运动的规律，还要按照矛盾运动规律来解决问题。具体来讲，个人与个人之间的矛盾主要表现在工资福利、提级晋升、表彰奖励、教育经费分配以及学术观点等方面，学校解决这类矛盾应遵循公正、平等的原则。在个人与整体的矛盾方面，要使个人的目标与系统整体目标相一致，当两者一致时，个人目标的实现可以通过整体目标的实现来达到，整体目标的实现是个人目标得以实现的前提。从宏观方面来讲，系统与环境之间的矛盾表现为对高校教育投资少与实现高校教育系统目标之间的矛盾，这类矛盾可以通过政策去解决。

但是，高校教育系统的三种矛盾是有机地联系在一起的。因此，在高校教育管理活动中，高校要从整体的角度出发去解决矛盾，即进行系统、科学的管理。如果不从整体的角度去处理系统内部的矛盾及系统与环境之间的关系，看不到矛盾之间的相互关系和相互转变，矛盾就会被激化，从而破坏高校教育系统内部的稳定性，就不能实现高校教育系统的整体目标。例如，个人的合理需要如果得不到满足，个人的积极性和创造性就会被抑制，个人在工作中就会表现出动力不足、主动精神不够。一旦个人在工作中缺乏主动性就会影响到劳动效果，培养出来的人才质量就难以达到预期的目标。而人才质量的降低，又会引起社会上人才供需关系的变化，这种关系的变化又反过来抑制高校教育的运行和发展。同样，如果系统的整体目标与实现这些目标的现实条件差距过大，目标就难以达到，从而对人的积极性造成影响。所以，高校教育系统目标的实现过程本质上是一个系统与环境、系统内部矛盾关系不断协调和解决的过程。

所以，我们要辩证地看待矛盾，特别是高校教育管理活动中的矛盾。从矛盾的普遍性来看，矛盾是有共性的，因为产生矛盾的规律是一样的。我们要认识到矛盾的存在是必然的，不存在没有矛盾的社会，也不存在没有矛盾的管理，每个人的价值观是不同的，认识方法和认识水平是不同的，有矛盾是很正常的。

3. 对待矛盾和冲突要注意的问题

在高校教育管理中，对待矛盾与冲突要注意以下两个方面。

（1）避免人为地制造矛盾和冲突。在制定各种政策和制度时要科学、合理，应经过专家论证和民主决策。在管理活动中避免矛盾与冲突的办法有很多，其中之一就是管理活动的透明、公开、公正。高校教育管理的特征与企业管理有很大的差别，高校教育管理在具有行政性的同时，也是专业性很强的学术管理。行政管理需要很强的透明度，而学术管理除了知识产权透明外，纯粹的管理活动更需要讲求透明、公开、公正。只有把握好透明、公开、公正的度，才能避免在管理活动中人为地制造矛盾和冲突。

（2）实事求是地化解矛盾与冲突。矛盾与冲突在管理活动中是始终存在的，关键在于如何去化解。化解矛盾与冲突要本着实事求是的态度。敢于承担由于管理者引起的矛盾与冲突的责任，用真诚与责任来化解矛盾与冲突。一旦矛盾与冲突出现，应以积极的心态与行动去化解矛盾与冲突，将矛盾与冲突造成的影响降到最低。

第三节　高校教育管理的特点

事物之间的区别在于各具一定的特点。只有了解了高校教育管理的特点，才能遵循它的本质规律，有针对性地解决管理活动中的各种矛盾，顺利地进行各种管理活动。

一、高校教育管理目标的特殊性

高校教育目标的特殊性决定了高校教育管理目标的特殊性。高校教育的主要目标是根据高校教育的功能来确定的，因此对管理的功能与目标相应地提出了特定要求。高校教育管理就是要通过计划、组织、协调、控制等手段使高校教育更加符合社会发展的要求、符合社会生产力的要求，这些要求表现在教育的层次、结构、规模、质量等方面。在微观方面，高校教育管理要使组织中的每个成员按照高校教育规律办事，更好地完成既定的目标。高校教育的目标是根据高校教育规律和社会发展对高校教育的需求来制定的，所以，高校教育的协调活动也应该以高校教育规律为指导，而不能简单地照抄企业管理的方式方法。从这个意义上说，高校教育的微观管理是以更好地培养人才并且以提高人才的质量为根本目标的管理活动，它无法以经济效益为目标。

在市场经济体制下，高校教育要不要考虑经济效益的问题，一直以来都是人们关注的话题。在市场经济体制下，很多组织都要考虑经济效益，很多管理活动都在讲经济效益。与行政管理、企业管理等其他管理不同的是，如何将社会效益和经济效益有机地结合，纳入高校教育管理的目标，处理好社会效益与经济效益的关系，是高校教育管理工作者值得研究的问题，这也正反映了高校教育管理目标的特殊性。

高校教育管理具有两个最基本的目标功能：一是尽其所能将系统内的各种关系和资源凝聚起来，形成一个整体，也就是管理的"维系"功能；二是围绕整体目标，最大限度地发挥要素的主动性、积极性，以更好地实现高校教育系统的整体目标，也就是管理的"结合"功能或"放大"功能。

二、高校教育管理资源的特殊性

高校教育管理资源的特殊性具体表现在以下三个方面：

（1）高校是由一部分高级知识分子组成的特殊的群体，组织及其成员的特殊性构成了高校教育管理资源的特殊性。组成高校教育系统的主体要素之一是教师，教师是掌握和创造专门知识的群体。因此，对教师的管理要符合这一群体的特征。另外，高校教育系统的主体成员是学生，是一部分年龄在18岁左右、受过完整中等教育的青年，对学生的管理要符合他们此阶段身心发展的特殊性。高校教育系统组成人员的特殊性使高校教育管理存在着一种特殊的管理现象，这种现象强调和要求自我管理。应该说，自我管理是任何管理中都存在的一种现象，但是，在高校教育管理中，自我管理尤为重要，它是一种促进身心发展的自我管理。管理对象需要培养自我组织、自我发展的能力，他们的心理特征也表明，在教育过程中，让其发挥自我管理的能力，可以更好地促进其发展。所以，管理对象的特点是高校教育管理最重要的特点。

（2）教育经费的管理是一项复杂的工作，因为它的用途是复杂的。例如，有时候还不能用绝对的量化管理来处理；有时候投入不能在短期内见到成效，经济回报率低。这就是高校教育的经费管理有别于企业管理、行政管理、经济管理等的特殊性。

（3）教学与科研物资的管理特殊性表现在这类资源不完全是生产性资源，而是建立在教学科研功能上的，是为了完成教育教学、实验实习、科学研究等活动的，它不是一套设备，而是教学实验和科学研究的基本平台。

高校教育资源的特殊性构成了高校教育管理的特殊性。高校教育资源是指整个社会用于教育领域的人力、物力和财力的总和。有效的可利用资源是指高校教育的主办者对高校教育的投入所形成的资源，主要表现在经费投资方面。社会用于教育的资源与社会中的区域发展相关联，与政府对教育的投资相关联。教育是一种事业投资，但它的投资对象又决定了它不可能完全是事业投资。事业投资的对象主要是公共事业，而公共事业是针对大众的，基本上所有的民众都可以享受到。但高校教育的对象不是单纯地享受公共事业的群体，因为高校教育还没有普及，它不可能是一种完全的事业行为。虽然高校教育的结果回报了社会，但是受教育者只是整个社会群体中的一部分。那么，为什么不能普及高校教育？这是由高校教育的资源有限性决定的。从某个角度来讲，高校教育的投入来自政府、学生家长、学校自身和社会的多方融资，这构成了高校教育投资的特殊性，也就决定了高校教育资源的特殊性。

三、高校教育管理活动的特殊性

从宏观的高校教育管理来看，高校教育事业具有很强的战略性和前瞻性。高校教育管理活动整体的发展规划关乎长远的问题，需要许多专家来共同完成，活动的内容涉及民族文化、区域经济、人口发展、科学技术水平、社会环境等方面。

从微观的高校教育管理来看，高校教育管理活动的特殊性主要的表现特点之一就是要协调学术目标与其他目标之间的矛盾。学术目标是一种高智力劳动的追求，除了强调个体的高智力劳动外，还要强调高智力劳动的结合、高智力劳动者的团结协作。

高校教育系统的主导性活动是传授知识、创造知识，高校教育所培养的学生能力的高低和高校所提供的各种成果的好坏主要通过学术水平和应用价值的高低来衡量的，管理活动的学术性十分强，而这种学术性不可以用一般行政性的方法进行管理。因此，学术目标的组织、协调、实现等是高校教育管理活动中的特殊矛盾，这就要求高校教育管理活动重视学术这一特殊目标。

高校教育组织中的教学活动是教与学的双边关系，高校师生是一个特殊的群体。在完成教学目标和管理目标的过程中，师生参与到具体的教学管理活动中，要达到双边认知认同，此时教学民主就显得更加重要。教职工是高校教育系统中的能动力量，是实现高校教育管理目标的智慧源泉。想要发挥他们的智慧和力量，学术自由是高校教育管理者必须考虑的问题。在高校教育系统中实行学术自由将极大地激发教职工与学生能动性，使他们受到鼓舞，从而在学术自由的平台上施展自己的才华，在学校的管理活动中真正成为中坚力量。

第四节　高校教育管理的原则

高校教育管理的原则是根据一般管理学的原理提出的。它特别适用于高校教育管理领域；它必须全面、准确地反映高校教育管理活动的特点、本质与规律；它在理论上是完备的，在实际工作中又是切实可行的，能覆盖整个高校教育管理活动领域，普遍有效地指导高校教育管理实践活动。根据前面对高校教育管理原则确立依据的分析，高校教育管理原则应该包括以下四个方面。

一、高校教育管理的高效性原则

任何管理活动，其基本目的都是提高组织系统的效率和效益。管理效率和效益的关系是与管理目标联系在一起的，目标正确，效率就高，效益就好；管理效益就是在消耗一定的人力、物力、财力和时间等资源的条件下，实现管理目标的程度。

高校教育管理的高效性原则是高校教育管理本质的具体化，它要求以一定的教育资源投入，培养更多的高级专门人才，形成更多的高水平的研究成果。

高校教育所产生的效益是多方面的，它既能促进生产力的发展，又是建设精神文明不可或缺的手段，是社会得以延续和发展的重要条件，这些主要体现在提高劳动者素质和培养人才的数量与质量方面。同时，高校教育在发展科学文化技术方面的作用也是十分重要的。高校教育是需要大量投入的事业，而发展高校教育的资源又是有限的，它靠社会提供，既受社会经济发展水平的制约，又受社会政治制度、管理体制和人们教育观念的制约。因此，高校教育管理既要注重经济效益，即以较少的投入培养更多的人才，注意节省人力、物力和财力，又要注重社会效益，即坚持办学的政治方向，全面提高高校教育的质量。

二、高校教育管理的整体性原则

高校教育管理的整体性原则既取决于高校教育系统的整体性，又受制于培养高级专门人才的高校教育目的。高校教育管理的整体性原则可以表述为以培养人才为中心，科学地组织各方面工作的有效配合，并充分考虑社会环境中诸多因素的影响。

高校教育的根本任务是培养人才。培养人才不仅要组织好教学工作，还必须结合开展有思想教育工作、师资培养工作、科学研究工作、后勤管理工作等。除了培养人才的职能以外，高校还有开展科学研究的职能和直接为社会服务的职能。高校教育管理的目标和内容不是单一的教育教学活动的管理，而是包括教育、科学研究和直接为社会服务等活动的综合管理。不论是培养人才、开展科学研究还是为社会服务，都与社会系统紧密相关，都必须与社会经济、政治、科学文化的发展相适应，因此，需要把高校教育管理放在整个社会环境中考虑。

高校教育管理要以培养人才为中心，各方面活动的开展都要服从于培养人才这个首要任务。就政府对高校教育的宏观管理而言，要做好两点：一要做好培养人才的决策和宏观控制，包括人才培养的预测规划、总体规模、发展速度、结构布局等；二要通过立法、拨款、组织、计划、协调、检查评估等手段，保证培养人才的数量和质量。就高校的管理而言，各部门的工作都要面向学生，教学和思想教育工作要遵循人才成长规律，科研、生产工作要与教学工作结合，后勤工作要为教学和科研服务，而不能各自为政，各行其是。

高校教育管理要处理好教学和科研的关系，使两者相互结合、相互促进。教学是高校培养人才的主要方式和基本途径，但是，不能把教学工作仅理解为课堂讲授。教学活动既包括通过课堂讲授使学生学到间接知识，也包括指导学生获得直接知识和掌握学习方法。因此，教学是传授知识、发展智力、培养能力和形成良好思想品德的综合过程。首先，科学研究是培养人才的重要途径，把科学研究引入教学过程是高校教学的一个重要特点，它能给学生创造全面发展的环境和条件。其次，通过参加科学研究，学生能够有目的地、主动地学习，习得研究任务所需要的理论知识，进行积极思考，在实践中发展各方面的能力，培养创新精神。再次，开展科学研究，能培养严谨的治学态度、踏实的工作作风和团结合作的精神，更好地促进学生与教师之间的信息交流，使教师对学生了解得更深入、更具体，有利于因材施教，发挥学生的潜能和主动性。最后，开展科学研究还能够提高高校教师的学术水平，充实和更新教学内容，改进教学方法，使教学质量不断提高。因此，不应该把科学研究和教学对立起来，而应该使两者互相结合、互相促进。

科学研究是在已有知识的基础上探索和总结新的知识，进一步加深对客观世界规律的认识。因此，从人们的认识活动方面来讲，只有开展科学研究，把生产实践和科学实验的成果总结成各种理论体系，使人们不断地获得新的知识和能力，才能进行各门学科的教学。从这个意义来讲，科学研究是"源"，教学是"流"，科学研究总是走在教学的前面。虽然在教学中给学生讲授的理论知识并非都要求教师通过自己的研究实践进行总结和积累，但是，现代科学技术的发展日新月异，高校教师如果不通过开展科学研究及时了解和掌握本学科和相关学科的最新动态及发展趋向，而仅停留于传授现成的书本知识，那就无法更好地提高高校教育教学质量，培养出适应现代科学技术迅速发展和现代化建设需要的合格人才。

发展科学文化是高校的重要任务。随着现代科学技术的日新月异，高科技向现代生产力转化得越来越快，高新技术产业在整个经济中的占比不断提高，科技在经济发展中的作用越来越大。21世纪是高新技术迅速发展的世纪，我国改革开放和现代化建设进入承前启后、继往开来的关键时期，国家的经济建设和社会发展比以往任何时候都要更加倚重科技进步。在这种形势下，高校特别是重点高校的科学研究工作应大力加强。

直接为社会服务也是现代高校的一项重要社会职能。开展各种形式的社会服务，有利于加强学生与社会的联系，增进学生对社会需求的了解，增强其主动适应经济发展和社会发展需要的能力；有利于高校的教学更好地实现理论联系实际，培养学生解决实际问题的能力，提高教学质量；有利于进一步发挥学校的潜力，充分调动教职工的积极性和主动性。但是，高校需要以培养人才为中心。衡量学校工作的根本标准是所培养的人才的质量和数量，不能只注重经济收益，忽略教学质量和学术水平。因此，要处理好培养人才与直接为社会服务的关系，统筹兼顾，加强管理，对社会服务收益进行合理分配，这样才能更有利于调动各方面的积极性，特别是在教学一线工作的教师的积极性。总之，高校培养人才、开展科学研究、为社会服务这三项职能是互相联系、相辅相成的。

三、高校教育管理的民主性原则

高校教育要与社会发展相适应的规律决定了高校教育是开放的系统。高校教育发展的历史已经证明，追求科学与民主是高校教育的重大使命。追求科学，可以保证高校教学、科研的生命活力；发扬民主则是追求科学的保障。高校教育管理的民主性原则主要是由高校教育管理封闭性和开放性相统一的规律所决定的。要办好高校教育，应发扬民主，充分调动师生员工的积极性和创造性。因此，高校在进行重大决策时，必须发扬民主精神。

高校教育管理的民主性原则是指依靠广大教职工和学生民主管理学校，动员社会力量参与高校教育管理。高校教育领域人才荟萃，学术思想活跃，管理工作必须充分体现学术自由的特点。高校的教学与科研就其本质而言是学术活动，需要以民主制度做保障。因此，对高校教育进行民主管理是非常重要的。就被管理者的特征而言，高校师生既是被管理者，也是管理的主体。师生之间的共同特点就是所从事的教学及学习活动有着很强的学术性。师生属于精神生产的主体，需要通过自己的独立钻研与探索获得真知。也就是说，只有将教师和学生的积极性与主动性激发出来，才能使最终的管理目标得以实现。对于教师来讲，教师需要将注意力放在教学计划、教学大纲等方面，教学方法及内容的丰富与改革也需要教师去积极探索和实行；对于学生来讲，学生要积极主动地配合教师并完成自主学习。只有这样将学生和教师的积极性和主动性都调动起来，才能使管理对象和管理者之间的信赖感提升，并增强内聚力，促进双方互相理解，从而使管理的效果大大增强。所以，高校要做好管理，不仅离不开教师能动性的发挥，也离不开学生的积极配合。高校领导者在进行决策时，一定要多听取学生的意见，以有效提升管理的成效。高校一般都设有许多专业课程，也有教学、科学研究、生产、思想教育、后勤以及校内校外关系等各方面的工作和众多的工作人员，管理工作具有极大的复杂性。管理好一所高校涉及很多学问。任何一所高校的管理者都很难把涉及专业、课程等各个方面的工作都做好。所以，高校应调动教职工的积极性，集思广益，使教师各个方面的优势和能力充分发挥出来，做好学校的管理工作。在教学研究、学科建设等方面，做决策之前一定要广泛听取教师的意见和想法，因为教师在这些专业教学方面都是专家，听取他们的意见有助于保证决策的正确性。

从政府对高校的管理来说，由于高校教育具有学术性强、学科门类多的特点，主管部门要充分尊重专家学者的意见，给高校学术自由和必要的办学自主权，避免过多的行政干预。高校具有多样化的特点，这是因为社会对高校教育的需求是多样化的，这就要求高校办出自己的特色，适应社会的不同需求。主管部门的作用是进行宏观控制和协调，为学校创造良好的环境和条件，通过财政的支持、政策的导向和法规的约束，引导学校主动发展。民主性原则要求高校在教育管理中实行制定决策民主化、执行决策民主化和评定决策执行结果民主化。

在高校教育管理过程中，在进行决策时要注重民主精神的发挥，也就是要在做决策之前多听取教师的意见，集思广益，从而使最终的决策更具科学性和可行性。在西方一些国家的民主管理高校中，规章制度的制定都是需要经过师生代表大会、学校董事会、教师评议会等各种会议以后才成形的。对于决策的执行情况，管理者随时都能掌握，还可以根据实际情况对决策的执行方案做出改进与调整。在此过程中，不管是对执行情况的掌握，还是对执行方案的改进，都是民主作风的体现。管理者应该秉公办事，在处理公务时不牟取私利，对于自己的下属，要尊重他们的想法，多向他们了解情况并虚心请教问题，通过各种渠道了解实际情况后，对执行方案加以改进。对于决策执行结果的评价会影响对决策制定及执行者的评价，也会对以后的决策制定及执行造成很大的影响。

评定工作要具备民主性，这样才能更好将决策的制定者与执行者的工作积极性调动起来，并使其更好地发挥自身的创造性，从而使高校管理的效益得到提升。

四、高校教育管理的动态性原则

事物是处于不断变化之中的。管理活动也不例外，同样处于不断变化的过程中。管理对象以及管理系统内部的要素都会不断变化，同样，管理系统的外部环境也在不断发展和变化。所以，所以从本质上讲，管理过程就是以管理对象及条件的发展变化为依据，对它们之间的相互关系做出调整，从而实现整体的管理目标。

我国正处于社会转型期，社会生活无时无刻不在发展变化，因此，高校教育也要基于社会、经济、文化等各方面变革引发的新需求不断地进行改进。作为社会技术系统，高校教育和外部环境是相互作用的关系。管理活动、管理环境、管理对象三者之间是存在必然联系的。在高校教育管理中，管理目标、组织结构、管理要用的技术以及参与管理的人都处于动态变化之中。首先，高校教育活动要以管理的原理和原则为基础来展开，在管理过程中，要尽可能保持稳定的秩序。其次，高校管理的对象、形式、内容、方法等也处于变化之中，所以，高校教育管理原则的运用应具有灵活性。高校教育管理的动态性非常明显。随着现代科学技术的发展，社会对于高校教育也提出了新要求，高校教育应该为社会的发展培养更多高素质的人才，应该为社会的发展与进步而服务，而要想满足社会的需求，高校自身就要具备适应社会发展需求的能力。高校应与时俱进，不断发展创新；进行教育体制改革，建立有效的发展机制，以适应国民经济及社会发展需求。就高校自身而言，每年都会有一批学生毕业走出校门，迈入社会，又会有一批新的学生踏入校门，教师队伍也应该定期进行补充与调整，及时输入新鲜血液，吸纳新的优秀人才，科研设备以及日常的教学设备也应该定期进行维护与更新。经济、政治体制改革都对高校教育提出了新要求。因此，高校教育管理的动态性原则可以表述为：通过不断改革主动适应经济和社会发展的需要。所以，在高校教育管理中，动态性原则有如下几点要求：首先，应该以发展的眼光看待问题，所有的事物都是处于不断变化之中的，只有进行改革，才能不断促进教育向好的方向发展，因此，教育的发展离不开改革。其次，应处理好变革和稳定之间的关系，既不能墨守成规，也不能一味地追求创新而对以往的经验全盘否定。最后，对于高校教育改革应该保持严谨、慎重的态度，不能朝令夕改。

从根本上讲，高校教育管理的动态性是由高校教育必须与社会经济、政治、科技、文化的要求相适应这一基本规律决定的。由于社会是不断发展的，高校教育也必须随着社会经济、政治、科技、文化的发展而不断改革，以适应社会发展的需要。高校教育管理对象和外部条件的变化，以及管理工作中不断出现的新情况，需要管理者不断总结新经验、解决新问题。

以上四条原则是高校教育管理的基本原则，是普遍适用的。高效性原则指出了管理工作的本质特点和根本要求；整体性原则反映了管理工作的基本要求；民主性原则贯穿高校教育管理活动的始终，为高校教育管理活动顺利进行提供了良好的氛围，保证管理工作有足够的动力；动态性原则指出了完善管理工作的根本途径。它们相互制约、相互促进，共同指导高校教育管理的全部活动，构成了一个完整的原则体系。在实际工作中，它们是紧密联系、相辅相成的。

part*3*

第三章

高校学生管理模式

第一节　高校学生管理概述

一、高校学生管理内涵

高校学生管理是一门管理科学，是指高校领导和管理者为了完成对高校学生的培养目标，在严格遵循国家政策、法律法规及教育方针的前提下对高校内部的人员、物品、财产、信息以及时间等进行科学的、有计划的管理。常见的管理行为有协调、指挥、组织、监督、计划、预测、实施、反馈等。

高校学生管理是高校管理工作不可或缺的重要组成，其内涵既深刻又广泛。首先，高校学生管理不仅要对在校大学生这一管理对象的各个方面进行深入研究，如兴趣爱好、能力结构、知识、心理特征、生理特征等，还要研究社会环境对大学生的影响，抓住大学生思想变化的趋势，找到教育管理的内在规律。其次，高校学生管理需要对高校专职人员等管理者的各个方面进行深入研究，如理论知识、文化、思想态度、业务素质等，同时要加强对管理者相关素质的培养，强化管理队伍建设。最后，高校学生管理要对管理方法、管理原则及管理机制及学生在生活、学习、思想教育、课外活动过程中可能用到的与管理有关的法律法规、政策、原则、目标等进行深入的研究。

从本质上讲，高校学生管理属于教育工作和管理工作的有机融合，所以它既要遵循教育科学的内在规律，也要遵循管理科学的内在规律。高校学生管理是高等教育学和管理学交叉结合产生的一门综合性应用学科，它同所有的管理科学一样，研究的主题是效率，当然具体研究的课题是高校学生管理的效率——最有效地达到高校学生的培养目标。中国高校学生管理其实就是在严格遵循党和国家制定的教育方针的前提下找到将学生培养成德智体美劳全面发展的专业人才的最佳的操作程序、组织机构、管理体制、计划、方案、决策等。中国高校学生管理并非只与教育学、管理学有关，它与系统论、信息论、控制论、统计学、行政学、心理学、社会学等学科也有关系。所以，想要对中国高校学生管理进行深入的研究必须综合运用多种相关科学理论对其进行全面分析，确保负责管理工作的专职人员能够在科学管理思想的指导下运用科学的方法实施管理。

在管理高校学生时要正确处理以下两种关系：

第一，学生管理与规章制度之间的关系。高校学生管理要通过制定并实施必要的规章制度来实现。教育部根据党和政府的教育方针、青年大学生成长的特点，以及长期以来的工作经验，发布了《普通高等学校学生管理规定》，这是对大学生进行科学管理的一个基本的法规性文件。各个高校应该从本校实际情况出发，制定具体的、全面的规章制度。学生管理的实践反过来又丰富了规章制度的内容，使之更全面化、科学化。

第二，学生管理与思想政治教育之间的关系。在强调管理工作重要意义的同时，绝对不能忽视思想政治教育的重要作用。如果管理者在开展管理工作过程中一味地强调严格管理而忽视开展思想政治教育，或者一味地强调思想政治教育而不考虑管理制度的重要作用，都不属于真正实现高校学生管理。管理和教育之间的关系是辩证的，管理的实施和发展离不开教育的支持。它又是一种特殊的教育手法，所以想要保证高校的学生管理工作有序开展，必须将学生管理和思想政治教育有机地结合在一起。

二、高校学生管理的对象与任务

（一）高校学生管理的对象

管理对象是指管理活动的承受者。随着人类认识的深化和管理的科学化、复杂化，不同时期、不同学派对管理对象有不同的内容和见解：一是管理活动所作用的各种具体对象。最初是人、财、物三要素，后又增加了时间、空间，成为五要素，随后又增加了信息、事件，成为七要素。二是管理活动所作用的特定系统，即把管理对象作为由多种因素组成的有机整体。系统与外界环境有信息、能量、物质交流。高校学生管理作为高等学校管理工作的重要组成部分，其相对应的工作对象无疑是指高校学生。从广义角度来看，这些学生应包括所有在高校求学的学生，即专科生、本科生、硕士生、博士生等。因为这些人都是高校学生管理活动的对象。高校学生管理涉及诸多知识体系，包括管理学、教育学、青年心理学、政治学、人才学等，因此，高校学生管理这门应用科学具备极强的政策性和综合性。它的研究对象极为特殊，主要包括在学生管理活动开展过程中形成的内在联系、本质联系及发展规律。

高校学生管理属于高校管理工作中不可或缺的重要组成,所以它与高校管理工作中其他类型的管理工作具有极大的相似性,其主要研究对象都是教育领域某个层面存在的特殊现象和内在规律,教育领域总规律对其有强大的约束力和控制力。高校学生管理与其他类型的管理工作也有一些不同点,最显著的区别是高校学生管理是相对独立的。对于研究者来讲,只有真正掌握高校学生管理工作和其他类型管理工作存在的相同点和不同点,厘清二者存在的内在联系,才能真正发现高校学生管理的内在规律,并将其转变成一门高效、特殊的管理工作。

作为一项管理工作,一般而言,总要有相应的学科知识成为其所依循的工作方针,而一门学科的成立必须具备一个必不可少的条件,这个条件也是学科成立的重要基础,那就是一套系统的、完备的学科范畴体系。这种学科范畴体系不仅能充分展现研究的具体内容和详细角度,还能揭示其内在联系。所以,只有构建完整的学科框架和范畴体系,才能精准、全面地阐述高校学生管理学的所有研究内容。高校学生管理工作要研究的内容应涵盖以下几方面:

(1)学科理论的研究。这种研究主要包括对高校学生管理科学的理论基础、研究对象、研究任务、研究领域及具体性质等方面的研究,还包括高校学生管理科学的学科地位和学科作用,所遵循的原则和指导思想,如何概括历史经验并将其纳入学科体系,如何与其他学科进行移植和融合及如何实现学科的完善和发展等。

(2)方法论的研究。高校学生管理学的方法论研究主要包含两方面:第一层研究是研究高校学生管理学的思想方法;第二层研究是研究高校学生管理的具体方法,如学生干部队伍管理、就业管理、社团管理、社会实践管理、奖惩制度管理、大学生社区管理、思想政治教育管理、快速应对学生群体性突发事件的应急管理、学生党员与党建管理、心理健康与咨询管理、校园文化管理(含网络管理)、教学与学籍管理等学生管理工作的具体举措。

(3)组织学的研究。高校学生管理作为一种宏大的系统化工作,只有完善的网络系统才能充分发挥其组织功能,所以必须对其完备的组织制度进行深入研究,如学生管理的现代化趋势、学生管理队伍的建设、高校学生管理的组织领导体制等。

（4）学生管理制度与国家法律法规、中央相关政策、教育规律、教育法规、政治文明建设进程的相互关系以及相关政策法规和知识系统的研究。

（5）学生成长规律、心理生理特点与管理工作的有机联系研究，青年群体之间相互作用关系与高校学生管理工作的互动共生研究。

（二）高校学生管理的任务

高校学生管理工作的任务并不仅仅是研究学生管理学的学科体系，了解高校学生管理工作和管理活动的相关理论知识，而是要透过高校学生管理工作发现其内部存在的关键矛盾和运行规律，在对其有一定理解和把握后将其充分应用到管理工作实践当中，推动高校学生管理工作有序开展。高校学生管理工作的主要任务有以下几个方面：

（1）贯彻并落实新版《普通高等学校学生管理规定》中的各项规定，严格遵守党的教育方针，完成学校培养高素质、全面的专业人才的终极目标。

（2）对我国历史上高校开展的学生管理工作进行系统的总结，既要总结相关经验，也要正视种种错误行径带来的教训。学生管理工作是在学校诞生后应运而生的特殊社会现象，随着时代发展，这项工作的内涵也在不断丰富和扩充，所以它是一种兼具悠久历史和现代特性的、既古老又年轻的特殊工作。

（3）对我国历史上开展的学生管理工作的经验和教训有选择性、批判性地继承，同时积极参考国外优秀的、成功的学生管理工作经验，将文化学、系统管理学、青年心理学、政治学、社会学、教育学等与其相关的各个学科知识理论融入工作，创建出符合我国实际的、带有中国特色的、体现时代精神的高校学生管理模式。中国历史悠久，文明传承有序，无数先贤都曾开展过学生管理工作，经验极为丰富，这些都是我国珍贵的历史遗产。但学生管理工作具有一定的时代性特点，所以我们应该有选择性、批判性地继承，古为今用。同时，还应大胆地借鉴国外高校的学生管理工作经验，去粗取精、去伪存真、融会提炼、博采众长，做到洋为中用。这样才能构建起具有中国特色的高校学生管理理论体系，并以此来指导实践，形成高效的、有益于大学生身心健康成长和成才的学生管理模式。

（4）加强科学研究，注重实践探索，推动高校学生管理工作理论体系不断发展，保证高校学生管理工作模式平稳运行。我国的学生管理工作虽然有着悠久的历史和丰富的经验，但就总体情况而言，它与不断发展的中国特色社会主义的形势和发展趋势还存在着某些不适应，存在着许多亟待解决的问题，无论是从理论要求上，还是从实践需求上，都需要使诸方面的规范科学化、理论化、法治化、人性化等。所以，管理者需要在传统学生管理工作的基础上进行大胆的创新和深入的探究，真正了解现代学生管理工作具备的新特点、新内容和面临的新难题，努力用新方法、新思路和新手段去适应学生管理的新规律和新形势，使学生管理的理论与方式与时俱进，不断丰富和完善。

（5）以理论创新推动实践创新，促进学生管理工作的科学化、法治化和人本化。如何体现其管理制度的科学化、法治化和人本化，这是一个理论研究的问题，不仅需要研究法律与青年学的相关理论，还需要研究管理学方面的理论，同时更应注重将管理学、法律学、青年学有机结合起来，形成理论上的创新，推动实践创新。因为，高校学生的管理不是一般的管理，而是一种对青年的管理，这种管理是要将这些有着一定知识的青年培养成德、智、体、美、劳全面发展的人才的管理。换言之，这种管理的最高宗旨是要促进学生全面发展，使其成为国家的建设者和接班人。这就使学生管理工作涉及一系列的理论研究与实践探索，这是现实交给学生管理工作者的光荣而艰巨的任务。

三、高校学生管理的特点和作用

高校学生管理作为学校管理工作的重要组成，其实质上属于学生管理理论和实践的有机融合。我国的高校学生管理工作已经持续开展超过 50 年，我们通过这段时间的实践发现高校学生管理想要成功，最重要的一点就是严格遵守高校管理的内在规律，精准把握高校的特点，只有这样才能保证高校学生管理收获最大成效，确保学生成才。

（一）高校学生管理的特点

1. 针对性特点

学生管理既然是管理，就不会离开管理学科的特点，它不可避免地要吸收国内外相关管理科学方面的理论知识体系和工作经验。但高校学生管理不同于一般的管理，它有着自身的特殊性。这些特殊性至少表现在以下三个方面：

（1）管理的对象是高校学生（就社会角色而言），他们属于社会中一个特殊的群体，是一群掌握着一定基础知识和专业知识的潜在人才群体。

（2）管理的对象是青年（就生理心理角色而言），他们处于血气方刚、激情澎湃、感情冲动、充满朝气的人生阶段。

（3）管理的对象是正在接受知识教育和思想道德教育的青年群体，他们是一个处于想独立而在经济上又不能独立的半独立状态的青年群体。

以上三方面的特点决定了高校学生管理的针对性，决定了高校学生管理涉及青年学、生理学、心理学、教育学、人才学和管理学等方面的知识体系。

就青年学（含生理学、心理学）的角度而言，应当看到，高校学生管理面对的是朝气蓬勃的青年人，他们的世界观、人生观、价值观尚未完全定型，他们对异性的关注和对人生的理解都有着这个时代的烙印，他们受到所处的时代环境的影响，与20世纪五六十年代生长起来的一代人是有着明显区别的。要管理好他们，就必须研究了解他们；要研究了解他们，就必须把握时代特征；要把握时代特征，就必须弄清楚这个时代的政治、经济、文化及科学技术发展大方向。

就教育学的角度而言，高校学生管理必须有利于青年大学生的成长，必须遵循教育规律，即高校学生管理的开展必须严格遵循人才学、教育学的内在规律。比如，大学生德、智、体之间的关系如何在学生管理中有机融合的问题；知识的获得与能力的培养如何有机协调的问题；尊重学生个性与学校统一管理如何获得一致的问题；课堂教学与社会实践如何结合的问题，等等，这些都是需要认真研究与探索的。

就管理学的角度而言，科学的管理从本质上讲是法治化、人本化的管理。管理的有效实施离不开规章制度的建设，而法律与规章制度的制定往往是以一定的理念为指导的。在法学中，指导法律制定的是法理（法律理论）；在政策学中，指导规章与政策制定的是政治理论和与政治理论相关的哲学理论。由于法律与规章及政策所针对的都是人，所以，都离不开对人的理性化认识。

2. 科学性特点

对于高校来讲，之所以创建一个融合了德、智、体及日常生活管理的系统管理制度，是为了更好地约束学生，使学生的意志、行为、情感、思想等都能符合国家的培养目标。这一目标的实现要求制度具有科学性，而高校学生管理制度的科学性至少应包括以下几方面的内涵：

（1）符合法律法规。学生管理制度应符合国家的法律法规精神的要求。

（2）符合学校的实际。学校的实际包括学校的层次类型以及学校所在地的地域人文风情。

（3）符合大学生的生理心理特点。这就要求高校的学生管理制度制定者了解学生，既要了解大学生的实际情况，又要清楚培养目标与要求。

（4）具有可操作性。作为管理制度，高校学生管理制度的最大特点是必须具有可操作性，以真正达到管理的目的，没有可操作性，再好的制度也只能是理论上正确而不能执行的制度。必须指出，在现实中确实有高校存在难以操作的正确的规章制度。

（二）高校学生管理的作用

实现全面小康需要大量的人才，尤其是专业人才，这些人才的培养都是由高校承担的，所以高校学生管理工作是高校教育管理工作关键环节，其责任与高校的根本任务大致是相同的。高校学生管理工作的重要作用就是由这种责任决定的，它主要反映在以下几个方面。

1. 育人的作用

高校学生管理是高校管理的重要内容。高校是人才培养的基地，高校管理是为人才培养服务的，高校学生管理更是直接针对高校学生的，但这种管理与一般意义上的管理不一样，它不是单纯的管理，而是带有教育性质的服务，即不仅要通过管理促进高校的有效运行，而且要通过管理达到教育目的，使学生成为高校培养的合格人才。也就是说，高校的学生管理是一种"管理育人"的管理，这种管理要与高校的教学、思想政治工作和心理健康教育等一系列工作有机结合起来，产生一种管理育人的效果，促使教育方针在高校真正得到落实。

2. 稳定的作用

高校学生是一个特殊的社会群体，他们具有青年的特质——朝气蓬勃、充满激情、追求真理、关心时事，但同时有着青年固有的不足。他们在法律上是完全民事行为能力人，但从某种意义讲，他们在心理上未完全成熟。与其他同龄人相比，他们掌握着更多的知识，但较之真正的知识分子，他们的知识又存在结构上的缺陷和知识量上的不足。在全面建成小康社会的过程中，各种矛盾必将反映到高校学生中来，如果管理不到位，高校的群体事件就可能给社会的稳定带来威胁。因此，高校学生管理工作必须依法开展，坚持预警在先，从学校实际情况出发制定合理的管理制度，并保证该制度的贯彻与落实，从而让大学生清楚自己的学习目的，端正自己的学习态度，养成健康的学习和生活习惯，掌握正确的学习方法。高校应通过各种渠道和措施，帮助大学生建构良好的心理品质，形成稳定的情绪，从而保持学校的稳定，这是高校学生管理的重要作用之一。

3. 增强能力的作用

高校是培养人才的场所，因此，高校的学生管理应有培养学生的功能，应发挥增强学生能力的积极作用。例如，社会实践的管理，可以增强大学生的社会实践和社会活动能力；实验室的管理，可以增强学生的动手能力；心理咨询，可以提高学生自我认识、自我调节的能力；学生的党团活动，可以提高学生对党团的认识水平；等等。

第二节　高校学生管理模式构建的理论基础与基本原则

一、高校学生管理模式构建的理论基础

（一）人性假设理论

无论采取哪种管理模式都与一种人性假设相对应，因为构建高校学生管理模式的基础都是对人性及人本质的假设，对高校学生管理模式的研究其实就是对人性的认识。

1. "经济人"假设理论

"经济人"的假设最早由英国的亚当·斯密（Adam Smith）提出，他是享乐主义哲学的代表人物，该假设的基础观点：人的所有行为都是为了满足自身的物质需求，为了获取利益，人工作的根本目的是获取更多的报酬或经济利益，以便于满足自己的物质追求。由此可见，这种假设认为，人性天生就是懒惰的、不愿承担责任的、不理性的，是逃避工作的。独裁模式是该假设理论下形成的独特管理模式。在这种模式当中，管理的关键在于完成目标任务，权力是管理的根本依托，管理目标主要通过权力和控制两个渠道实现。而且管理主体负责制定规则、下命令，同时利用严苛的惩处和一定的物质奖励来引导管理客体遵守规则、执行命令，管理客体自身的情感和愿望根本不属于管理主体的考虑范畴。处于"经济人"假设理论下的学生特点是懒惰，自律性极差，为了保证其

能完成学业，为了保证学校能实现培养目标，只能通过制定严格的管理规程和管理制度来规范、控制学生的行为。管理制度中必须同时包含惩处措施和奖励措施，用"胡萝卜加大棒"的方式规范学生，对那些懒惰的、违规的学生要严厉惩治，而对积极的、主动的学生则要评奖评优、发放奖学金。

2."社会人"假设理论

"社会人"假设最早是由乔治·埃尔顿·梅奥等人依据霍桑实验的结果提出，该假设的基础观点：人的所有行为不仅仅是为了追求物质利益，还为了满足许多其他方面的需求，如社会需求，这一因素对人的行为的影响极大。与"经济人"假设理论相比，"社会人"假设理论对人性有了更深、更全面的认识，它认为利益等低级的自然需求不再是决定人行为的根本因素，归属感、安全感、尊重等高级的社会需求才是影响人行为的重要因素。在这种假设理论下形成的管理模式是监护模式。其管理的关键在于人，通过管理主体在一定程度上对管理客体表达关心，满足其需求，构建一个让其有强烈依附感、归属感、安全感的环境来实现管理目标。管理主体对管理客体的引导主要通过组建集体、加强人与人之间的关系、充分发挥非正式组织的作用等方式实现。管理主体不仅要负责承担各个环节信息的组织和沟通，还要对管理客体的需求和目标进行全面的考虑，确保管理客体的目标与组织目标保持一致。"社会人"假设理论模式下的学生对于社会需求和自身需求的追求更为执着，所以管理者在开展管理工作时不仅要对学生完成任务给予高度关注，更要在管理过程中对学生保持足够的尊重、爱护和关心，与学生形成情感连接，搭建良好的人际关系，在管理模式中选择参与管理模式。此外，管理者还要与学生中的非正式组织融为一体，充分发挥其作用，通过良好的组织环境及人际关系的影响让学生更加认可学校的管理工作，同时产生集体荣誉感，增强凝聚力。

3."自我实现人"假设理论

美国的亚伯拉罕·马斯洛是世界知名社会心理学家，他将人的需求划分成五个不同的层次，最低级的需求是生理需求，第二级需求是安全需求，第三级需求是社交需求，第四级需求是尊重需求，最高级的需求是自我实现需求。马斯洛指出，任何一个人都具备将自己才能完全激发和利用的能力，人在工作中不断完成工作任务只是为了满足自我实现需求。"自我实现人"假设理论就是在此基础上提出的。"自我实现人"假设理论对人性的认知与以上两种假设理论有较大区别，该理论认为，人并不是天生就懒惰的，人的本能决定了人会对工作存在一定的偏好，人很愿意承担甚至主动承担责任，而且人只有将自身潜能完全激发并充分利用才能获得最大限度的满足，才能满足自我需求的实现。在这种假设理论下形成的管理模式为支持模式。在这种模式当中，管理目标的实现既不需要追求物质利益，也不需要权力支持，只需管理主体制定合理的管理制度，营造优质的管理环境，保证管理客体有良好的成长氛围，实现工作绩效的提升即可。管理者不仅承担着协调人际关系、指导管理目标的重任，还承担着消除阻碍管理客体发展的一切困难的关键任务。管理客体由于身处优越的环境，其内在驱动力被进一步激活，自然会创造出比以上两种管理模式更大的管理绩效。处于"自我实现人"假设理论下的学生不仅独立，还极有主见，对自我价值的实现有着强烈的渴望，所以管理者要对学生在管理工作中的主体地位表示认可，并为其营造适合实现其价值、充分发挥其特长的环境，激发学生的积极性。其管理模式主要采用任务管理式。此外，管理者还要将学生管理目标与学生个人发展目标有机地结合在一起，在实现管理目标的过程中让学生具备超强的创新精神和社会责任感，不断成长，成为社会所需的人才。

4. "复杂人"假设理论

"复杂人"假设理论也称为"权变理论"，是由美国行为科学家埃德加·沙因提出的。该理论认为，人的需求和愿望并不是一成不变的，而是复杂的、动态变化的。导致人的需求和愿望出现变化的因素有很多，如外部或内部的环境发生变化、社会角色的转变、人的阅历和精力的变化等。"复杂人"假设理论中对人性的分析与以上三种人性假设相比更为复杂。因为当人处于复杂多变的环境中呈现出的状态及展现出的人性面都有较大不同。人性是一个权变的过程，可以表现为对物质利益的最大化追求，也可以表现为积极承担责任及实现自身价值最大化，所以，世界上存在的管理模式不存在普遍的、适用的、一成不变的。

"复杂人"假设下的管理模式是灵活多变的，管理者需要根据学生的实际情况采取最适合的管理方法，所以必须具备"权变管理"的能力。管理模式的灵活多变主要体现在两方面：一方面是对于处于不同生活阶段的学生采取不同的学生管理模式。比如，对于大学一年级的学生应采取指令式管理模式，因为他们刚刚从高中升入大学，自身的自制能力并不强，所以管理者需要严格规范其行为；对于大学四年级的学生应采取服务式管理模式，因为他们已经在大学学习四年，其世界观、人生观、价值观基本形成，所以管理者需要以为其提供服务为主。另一方面是采用的学生管理模式应以学生实际情况和特点为基础进行实时的调整，实现管理模式因人、因时、因势而变。

（二）领导生命周期理论

从领导生命周期理论的角度出发，以影响管理主体成功的主要因素（管理客体、工作关系、工作行为的成熟度）为基础可得出四种不同的、可应用到学生管理工作中的管理主体的领导方式。

1. 命令型领导方式

管理主体的命令型领导方式是指管理主体因管理客体不够成熟采用命令式的口吻对待管理客体，属于高工作低关系。具体来讲，管理主体充当管理客体的领导，对其下命令，明确地告诉管理客体该如何做、该做些什么等，管理客体只需遵从即可，属于单向沟通。如果将这种模式应用到学生管理工作当中，管理者就要对所有与学生有关的工作给出详细的、明确的指示和指导，让学生清楚自己应该做些什么及应该如何做，无须考虑学生的具体诉求和建议。当学校管理者在管理过程中采用这种模式时，需要在学生相关事务的规定和管理当中投入大量的时间和精力，管理效能偏低，学生也可能会因此而反感和叛逆。

2. 说服型领导方式

管理主体的说服型领导方式是指管理客体虽然基本成熟，但仍然不能满足管理主体的要求，只能采用说服的方式来对待管理客体，属于高工作高关系。具体来讲，管理主体既要对管理客体给予指导意见，也要给予支持，属于双向沟通。如果将这种模式应用到学生管理工作当中，管理者应定期与学生展开深入交流，为其生活和学习提供恰当的指导意见；通过正确的引导来激发学生积极、主动地参与管理活动；在满足学生个性化发展需求的基础上收集学生对于管理工作的各种意见。当学校管理者在管理过程中采用这种模式时，需要在管理方面投入大量的时间和精力，但比上述命令型领导方式要少。

3. 参与型领导方式

管理主体的参与型领导方式是指管理客体已经基本成熟，管理主体会与管理客体进行友好沟通、协商，共同做出决策，属于低工作高关系。将这种模式应用到学生管理工作当中时，管理者需要主动改变自己的身份，以"朋友"的形式和学生相处，如果在管理工作开展过程中遇到了问题，双方需要进行友好协商，共同研究和探讨，再共同做出决定，同时管理者还要对学生提出的诉求和建议给予及时的解答和反馈，并在经过协商后采纳。在这种学生管理模式当中，管理者的所有行为以激励为主，需要花费的时间和精力都不多。

4. 授权型领导方式

管理主体的授权型领导方式是指管理客体完全成熟，管理主体无须再对管理客体施加任何干预，授权管理客体全权处理各种事务。将这种模式应用到学生管理工作时，管理者只需选择放权和授权，同时给予学生信任，将管理的所有事宜都交由学生全权负责，充分发挥学生的自我管理、自我教育、自我服务的作用。当学校管理者在管理过程中采用这种模式时，只需在场外进行监督，所以需要花费的时间和精力更少。通常情况下，大学第八学期最适合应用这种模式。

（三）学生发展理论

20世纪60年代，美国首先将学生发展理论应用于教育领域。随着时代的发展，该理论的应用范围越来越广。学生发展理论是以人的发展理论及心理学研究成果等理论为基础得出的全新理论，揭示了人的发展在高等教育领域的具体应用。学生发展理论从社会学、心理学等多个角度详细地描述了高校学生在接受高等教育期间的发展规律和成长规律，主要包含以下几方面内容。

1. 个体与环境理论

个体和环境理论清楚地阐述了学生在大学期间的发展和成长受学生自身与大学环境之间相互作用的影响。这一理论能让管理者明确如何营造环境、营造怎样的环境才能保证学生在大学期间的健康成长和发展，同时根据学生的个性特点为其量身打造最恰当的职业生涯发展规划，得出评估学生发展效果的具体方式，如评测量表等。

2. 认知结构理论

认知结构理论主要关注的是学生的发展过程和发展方式，主要是为了帮助管理者树立正确的认知发展观。根据认知结构理论可以将学生发展划分成四个不同的阶段，分别是二元认知阶段、多样认知阶段、相对认知阶段、信守阶段，这为了解处于不同阶段的学生的发展变化提供了重要的参考依据。比如，当学生处于二元认知阶段时，他们会主观地认为自己遇到的所有问题都能由管理者解决，所以此阶段的学生管理应以管理者为主；当学生处于相对认知阶段时，他们会指出管理者的管理并不完善，却并不能分辨管理行为的正误。根据此理论可以得出学生的发展是从最早的认为事物非黑即白开始，逐步发展到对事物形成多重认知理念的阶段，在此阶段，学生能对每一种认知观点做出评估和鉴别。

3. 类型学理论

类型学理论指出，人与人之间必然存在一些固定的、可以清楚区分的差别。类型学理论中最具代表性的理论有美国考伯提出的学习风格理论（将人的学习风格具体划分）以及美国约翰·霍兰德（知名职业指导家）提出的职业兴趣六类型理论（将人的兴趣和职业进行具体划分）。这种理论与上述的认知结构理论存在极大差别，最主要的一点是人的情感发展会因先天差异出现较大的差异。基于此，管理者可以从学生个体出发，根据每个学生的认知方式和个性特征提供更恰当的管理和服务。

二、高校学生管理的基本原则

（一）主体性原则

在传统的高校学生管理模式当中，管理者认为学生年龄小，认知能力和辨别能力都不完善，自己可以为其做主，学生只需被动地接受管理和教育即可，这就导致许多管理者认为自己的地位比学生高，学生只能被动地接受控制，学生的主观意向和积极性也常常被忽视，提出的合理需求根本无法被满足。高等教育作为我国培养高素质专业人才的重要环节，必须坚持以人为本，激发人的主观能动性和积极性，将人的所有潜能全部开发出来，培养学生的创新能力和实践能力。只有这样才能保证高校培养出的人才是社会需要的人才。对学生来讲，高校学生管理是否将其视作管理的主体充分体现了学生在教育管理过程中的主动性，这也是高校学生管理模式不能违背的重要原则之一。如今，高校学生基本都是"00后"，他们的成长环境相对早期的高校学生更为优渥，他们的自我意识和自主意识觉醒得更早，表现也比较强烈，这些都将促使他们主动参与和配合学生管理者的工作，化身为管理主体。从事高校学生管理工作的人员属于外部教育条件，想要真正发挥作用必须得到学生的主动认可，学生也会结合自身的成长特性、性格、发展需求等选择一种最符合自己实际情况的学生管理理念和管理模式。所以，高校必须主动构建学生自我教育、自我管理、自我服务的激励机制，鼓励和引导学生主动参与管理活动。其与传统的管理模式相比，学生不再是外在的、被动的管理客体，而是内在的、主动的管理主体，可以自由选择管理理念和管理模式，自身的积极性和创造性得到最大限度之发挥。

从本质上讲，管理就是为了调动人的积极性，高校学生管理也不例外。因此，要想构建新型高校学生管理模式，必须以激发与调动学生参与学生管理活动的积极性和充分发挥学生的自我教育、自我管理、自我服务作用为重要的切入点和评判依据。在高校学生管理活动当中，学生和管理者之间的关系并非绝对对立，而是兼容的、统一的、和谐的，融合成一个有机整体。需要注意的是，充分发挥学生积极性并不等于纵容学生，不等于学生可以无视客观条件和主观条件随意地、自由地发展。在学生管理活动开展过程中，管理者不但要最大限度地激发、发挥学生的主观能动性和积极性，而且要对学生给予正确的、及时的引导，尤其是在学生进行职业生涯规划和人生发展选择这种重要的时刻，管理者需引导学生将自身成长和未来发展与社会需求、国家发展紧密联系在一起。这样做既能实现管理目标和学生人生目标的最大化重合，也能极大地消除学生在管理活动中出现的抵抗、消极情感，主动参与到学生管理工作当中，主动接受管理者的教育、管理和服务。

（二）引导性原则

引导性原则是指领导者在平日工作时不会使用强制命令等方式要求学生做出某些行为，而是用引导的方式促使学生自己主动做出某些行为，发挥自身主体作用。同理，高校学生管理工作也需要坚持引导性原则，管理者通过对学生实施科学的、正确的引导，使其主动进行自我教育、自我管理和自我服务。高校学生虽然从年龄上看已经成熟，但其世界观、人生观、价值观都不够完善，再加上有着强烈的求知欲，他们很可能按照自身的喜好盲目地做出选择，这个选择是否科学并不确定。管理者对学生的引导不仅要合理、科学，更要包含充分的背景信息，以确保其科学、充分地发挥自身主观能动性，实现自身科学发展，这是学生自我教育、自我管理和自我管理的前提。

管理者对学生的引导主要包括两方面：一方面，对学生个人成长和发展的引导。比如，帮助学生进行完善的职业生涯规划，使其对自己有充分的认识，做出合理的人生规划。另一方面，对学生行为的引导，如引导学生学会自主学习、独立生活、自由选择、从容面对。具体来讲，通过引导，帮助学生掌握正确的学习方式，形成主动学习的意识，养成优良的生活习惯，勇于面对困难，坦然面对荣誉。如今，很多高校学生自主学习的意识和能力都比较欠缺，适应能力偏低，导致他们对高等教育阶段的学习和发展没有充分的认知，无法做出最恰当的选择。所以，管理者要在开展教育管理活动时，帮助学生对环境的主观条件和客观条件进行全面了解，并以自我认知为基础，主动参考国家发展、社会发展的具体需求实现个人发展，形成最科学的自我决策。

（三）差异性原则

每个学生都是独立的个体，世界上也不存在两个完全相同的学生个体，所以构建学生管理模式时必须坚持差异性原则，对不同学生之间存在的显著差异保持尊重，树立科学的、正确的学生差异观，使学生实现科学、全面、可持续发展。由于性格、成长环境等因素的不同，学生个体存在显著差异，这一点可以表现在表达方式和行为举止上，也可以表现在情感诉求和思维方式上。树立科学、正确的学生差异观，就需要将学生视作一个个"成熟"的人，认同他们具备完整的、独立的人格意识和思考能力以及辨别能力，具备独特的智慧倾向，会从独特的角度、使用独特的方法解决所有遇到的问题。由于不同个体间存在差异，使得每个人都具有独特的个性特点，适合的工作也不尽相同，如一个人可能适合 A 工作，另一个人并不适合 A 工作，反而适合 B 工作。这一点与我国古代知名教育家、思想家孔子先生提出的"性相近，习相远"有异曲同工之妙。在高校学生管理活动中，管理者必须结合学生的天赋、个性等因素为其制定适合的成长发展目标。根据学生个体的悟性、能力、性格选择最合理的、最适合的教学管理方式，避免出现事倍功半的情况。由此可见，管理者必须从学生个体实际情况出发，尊重其独特性和差异性，充分了解其优缺点，用不同的标准来衡量学生，确保所有学生都能取得成功，体会达成目标的喜悦和成就感。

所谓的差异性，是指不同学生个体之间存在差别。明确差异观是对这种存在于学生个体之间的差异表示认可和尊重，了解不同学生具体的发展目标、潜能、特长和本意，同时拥有不同的方式满足每个学生的个性化发展。对于存在于不同学生个体之间的差异，管理者要予以尊重，同时不能一味地发展学生当前表现出的长处（优秀的能力和杰出的才华），这样做虽然能让学生的长处变得越发优秀，却不能弥补学生的缺陷。所以管理者对学生差异性的尊重要遵循科学发展观理念的指导，在尊重学生差异的基础上，通过科学的引导促使学生全面发展。管理者不仅要保证每个学生都能完成高校的培养任务，更要结合每个学生的具体情况（如性格、能力）发展其长处，弥补其短处，扬长避短，同时根据科学发展观的内在要求实现学生的全面发展。

（四）专业化原则

从某种意义上讲，高校学生管理工作与社会工作存在极大的相似性。对社会工作来讲，其发展正是从非专业的初级阶段转变为专业化的高级阶段，而想要实现社会工作专业化，最关键的环节就是实现人员的专业化。同理可知，构建学生管理模式要遵循专业化原则，即管理者要接受专业化的培训，变成专业人士，从而科学地开展专业化的学生管理工作。学校管理者是高校学生管理工作的根基，是不可或缺的重要资源，但如果他们在具备极强的工作热情和经验之外，还能形成科学的、优良的工作理念和服务意识，能让学生享受到更科学、专业的服务，将实现管理类型和管理层次跃迁，从最初的低层次的事务型管理转变为高层次的专家型管理。为了实现这一宏伟目标，首先要对管理者进行知识和业务培训，增强其知识水平和业务能力；其次要脱离学生管家的身份，转变为具备丰富专业社会工作知识的可以提供专业化职业规划、心理咨询服务的复合型专业人才，为实现学生管理模式的专业化奠定坚实的基础。

第三节　互联网时代高校学生管理模式的创新

一、高校学生管理模式创新的意义

当今社会，要想实现民族进步、国家兴盛离不开创新，创新是推动社会发展的内在动力。为了实现中华民族伟大复兴，为了完成社会主义教育事业的历史任务，必须不断推进包括高校学生管理工作在内的高校教育创新。

（一）高校教育创新是时代发展的要求

随着时代发展，科技日新月异，国际竞争越发激烈，知识经济也逐渐成为提高综合国力和国际竞争力的决定性因素。今天，物质资源已经不再是影响人类社会发展的第一要素，人力资源后来居上成功摘得桂冠。在人力资源中，人员素质的提升远比人口数量的增长重要得多，甚至可以说是人力资源发展的第一要务，而实践能力和创新能力是人员素质当中最关键的能力。当今世界，只有不断地进行科技创新才能实现科技进步，只有不断地进行知识创新才能实现知识经济发展，国际竞争的本质其实就是人才的竞争，是一个民族创新能力的竞争。一个国家想要实现科技创新、知识创新、民族创新能力提升离不开创新人才的支持，而人才培养是国家教育的根本任务，其中高校教育更是扮演着至关重要的角色。高校是国家培养高素质、专业人才的主阵地，为了保证高校培养的人才符合时代和社会的需求，开展高校教育创新迫在眉睫，意义非凡。

（二）高校教育创新是社会主义现代化建设的需要

如今，我国进入全面建成小康社会、加快推进社会主义现代化的新的发展阶段。在这个新的发展阶段，我国必然要面对一系列新问题、新任务、新形势，其中首要任务、根本任务是实现体制创新，推动政治体制、经济体制、文化体制改革，大力开展政治建设、经济建设、文化建设，为我国政治、经济、文化发展奠定坚实基础。体制创新的先决条件是理论创新，需要许多具备创新能力和创新精神的人才的支持，这就要求国家大力培养具备创新能力和创新精神的创新人才。高校是培养创新人才、培育人的创新能力和创新精神的主要阵地，也是实现知识创新、传播、应用的关键场所。可以说，高校教育在培养专业人才及提升人才创新能力和提供技术、知识创新成果方面有不可估量的重要作用。因此，作为人才培养和输出重要生源地的高校只有不断实现教育创新才能为我国的现代化建设培养出更多富有创新能力的人才。

二、高校学生管理模式创新的实质与内涵

从人类历史发展的角度对社会发展进行详细分析可得以下结论：人存在才会形成社会，人通过不断地创造历史推动社会不断发展，人的发展程度直接决定了社会发展的程度，实现人的发展是社会发展的根本目的。同时，社会进步离不开人这一决定性因素，社会进步的本质就是在改造客观世界的同时，不断改造人的状态、发展人的能力、提升人的价值的过程。

众所周知，学校教育的首要任务是育人，高校教育也不例外。对高校来讲，培养人才、实现人的全面发展是其最核心的价值和最根本的职能。此外，高校还承担着倡导先进生活方式、传播主流价值观、塑造人类灵魂、传递人类精神交流等重大历史使命。大学作为高校教育开展的主阵地，应为国家和民族事业

的全面进步、人类社会的整体利益、先进文化的传承、创造和弘扬服务。

高校学生管理工作的根本目的是让学生对生活的世界有更为全面、广泛、深入的认知，同时了解自身所处的生存状态；其最终目的是充分开发学生的内在潜能，提升其综合素质，为人类社会的发展和进步提供智力和精神支持。因此，开展学生管理工作必须以提升学生整体素质，实现学生全面、充分、自由发展为根本出发点。

高校学生管理工作理念创新主要表现在以下几方面。

（一）坚持育人为本的管理理念

根据人本思想可知，一切要以人为本，一切的实现也需要以人为基础，所以人既是目的也是手段，是目的和手段的有机统一体。这既要对人保持关心、尊重，也要对人进行管理、控制；既要满足人的物质需求，也要满足人的精神需求。此外，人是权利和义务的有机统一体，这就需要在学生管理工作当中保持公平、公正、平等、民主，对每一个学生保持尊重，保障每一个学生的合法权利，做到宽严结合、管放并重，确保学生实现全面发展。

育人为本是高校学生管理工作对人本思想的具体应用，是科学发展观在高等教育领域的直观体现，更是学生管理工作的起点和终点。育人为本作为一种特殊的价值观，需要将人作为所有行为的物质基础、根本目的、内在动力，承认并尊重人的主体地位，刺激人觉醒并形成自我意识；同时尽可能满足人的主体需求和精神诉求，肯定人的自我价值，促使人实现全面进步。育人为本作为一种特殊的工作方法，需要从学生的根本利益出发，既要严格规范程序，也要强调内容效果；既要严格遵守纪律，也要强调道德教化；既要严格执行教育管理，也要强调人文关怀。育人为本作为一种特殊的思维方式，需要主动转变传统思维，以服务为先，以"一切为了学生、为了一切学生、为了学生一切"为指导思想，逐步实现平等沟通、民主交流、和谐统一。

（二）坚持系统化的管理理念

所谓管理，是指对特殊系统的管理，如果底层系统不存在，那么施加于系统的管理自然也不会存在。所谓的"系统化"是指从宏观、整体的角度出发创建学生管理系统模型和综合模块，将学生管理工作涉及的各种机制和各个环节有机地融合在一起。常见的机制包括学习机制、反馈机制、奖惩机制、决策机制、竞争机制、评估机制等。

　　高校学生管理工作属于一项巨大的系统工程，它不单单是全校教职工的职责，也是所有参与学生工作的人员的职责，所以所有相关人员都要对此项工程保持高度重视，通过多方的团结协作，形成合力，打造出由全校教职工、政工干部、所有学生全部参与的管理。对在校学生来讲，他们所具个性不同、所属年纪不同，导致学生个体的特征存在较大差异，这就要求高校学生管理者将管理工作融入学生整个成长及成才过程。同时，学生管理工作的开展必然是全方位同时开展的，涉及学生的方方面面，所以要秉持管理本质是服务的管理理念，在解决思想问题的同时考虑解决实际问题的解决方案，帮助学生攻克难关，真正为学生做好事、实事。此外，学生管理工作要不断丰富自身的人文内涵，增强育人效果。

　　（三）坚持自主化的管理理念

　　所谓"自主化管理"，是指学生在接受专业教师和管理者的指导后实现自我教育、自我管理、自我服务和自我发展的教育管理模式。这种管理模式的核心是实现人的发展，营造一种和谐、宽松的民主氛围，激发学生的积极性、主动性、创造性，使学生具有创造精神，提升其实践能力。

　　想要实现"自主化管理"可以从以下几方面着手：首先，充分发挥学生的主人翁精神，承认学生的教育主体地位，增强学生的主体意识，实现学生干部队伍自我管理制度化；其次，充分发挥学生党员和学生干部的模范作用，吸引他们主动参与到学生管理工作当中，尤其是重大问题的决策，在不断地参与管理实践的过程中真正学会管理，了解管理的全过程；最后，充分发挥学生党支部、社团、班团等组织的引导作用，开阔学生视野，丰富学生课余生活，让学生在学到知识的同时接受道德精神的熏陶，形成鲜明的校园文化精神。

　　（四）以培养学生创造力为核心素质的管理理念

　　随着时代发展，知识经济逐渐成为社会主流，人类开始步入信息化社会，传统"唯文凭、唯分数、唯专业"的观念与时代发展脱节。如今，决定社会能否进步、市场竞争能否成功的关键因素是创造力，所以当前教育工作应围绕创造力开展，以提升学生的创造力为根本目标。在教育管理当中，通过各种各样的方式激发、发掘、强化、训练学生的创造才能和创造热情，将其培养成符合社会、时代需求的创新人才。在新世纪，人才最重要，创新人才更是重中之重。创新人才能积极适应新时代的技术发展，应对先进技术的挑战。高校应积极参与全球性的合作和竞争，引导、促进、适应不断出现的社会变革。

（五）突出主体、开发潜能、激发创造的管理理念

随着时代发展，传统的"管而不导、堵而不疏"的学生管理工作方式已经不适合当今时代的发展趋势，尤其是与如今高等教育的发展形势及当代大学生的成长和成才需求不匹配。如今的学生管理工作需要以学生为中心，承认并凸显学生的主体地位，对学生张扬个性的行为表示足够的尊重。同时通过理想信念教育，让学生在需要进行自我调整和自我选择时有据可循，充满动力；通过利益驱动、过程磨砺、动机激励等方式增强对学生需求的刺激，激发创造学生内在成才动力，同时在道理层面上说服学生，帮助学生明辨是非、分清利弊，确保学生能够正确地规范自己的行为，调整自己在生活和学习上的需求结构。在教育理念层面，要摒弃思想、标准和布局全部统一的传统模式，结合学生实际情况呈阶梯状分布、分成多个档次的情况，育人应遵循阶梯原则，即优秀的人可以先居高位，其他人在接受过教育后紧随其后。对于大学生而言，不能单纯地将其作为教育对象来对待，要将其视作教育活动的参与主体，将传统的灌输式、保姆式、家长式教育转变为引导、启发、自我教育。

（六）体现互动性、层次性、整合性的管理理念

高效的工作体制能使主体对工作饱含热情、充满兴趣，不断收获非一般的成就感和满足感，激发其产生工作积极性、主动性、创造性，同时能使整个工作群体养成团结协作的精神。在互联网时代开展高校学生管理工作必须紧跟时代步伐、紧盯时代发展需求，以培养高素质创新人才为根本，实现理念创新、体制创新。在这个过程中应注意以下三点：第一，体制的互动性。体制在创建时必须为上下层之间的互动保留空间，以利于相互激发不同层级人员的创造力和工作活力。第二，体制的结构层次性。体制在创建时要注意层次分明，确保工作能够层层推进、环环相扣。第三，体制的整合性。体制在创建时要注意整体和局部的协调关系，以利于局部为整体服务，宏观指导、局部协调，充分发挥体制整体的资源整合力和凝聚力。具体来讲就是，"上"要有负责总揽管理全局，掌控方向，解决基础性、前瞻性及全局性大问题的，坚持社会主义办学方向和育人原则的"决策层"；"中"要有实时指导、协调、监控学生管理工作开展过程的"协调层和监控层"；"下"要有能充分激发基层组织工作积极性，发挥其作用，同时将工作重心下移，创建竞争机制，推行目标管理、量化考核

等评价制度的"责任层和落实层"，综合形成灵活的、动态的、高效的工作"金字塔"。高校学生管理工作属于一个系统工程，并非只是某个直属机构的职责。学校应树立"全员育人"的教育理念，形成"人人皆教育之人，处处皆教育之地""教学育人、科研育人、管理育人、服务育人"的工作大布局。

（七）不断创新教育内涵、管理内涵、服务内涵的管理理念

高校学生管理工作主要包含三个部分，分别是教育、管理、服务。传统模式中的学生工作一般以管理工作为先，教育工作和服务工作一直都处于一个比较低的水平，但这种传统观念和工作模式在步入互联网时代后都需要进行改革，无论是三个工作主题的内涵还是三者的结合方式都需要进行理念创新。如今，高校不断扩大招生规模使得在校人数飞速增长，再加上当今高校推行学分制，后勤也实现了社会化改革，学生的生活场所、学习场所及对应的生活方式和学习方式都有了翻天覆地的变化，沿用传统的教育、管理、服务理念是不合适的，是与当代学生的成长规律和心理变化规律相违背的。所以，高校学生管理工作必须从传统的管理型逐渐向教育型、服务型转变，工作职能也应随之转变。

1. 创新教育内涵理念

实现教育内涵理念的创新就是对学生工作教育的方式和目标等进行创新。教育是一项宏大的系统工程，它既包含了教导学生学习文化知识，也包含了对学生进行法治教育、纪律教育、道德教育、思想政治教育等非知识类教育。教育的核心是培养具有丰富实践能力和创新精神的高素质人才。因此，高校学生工作的教育内涵是以思想政治教育为基础围绕创新教育开展的全面成才教育，教育方式也应该从传统的灌输式、说教式逐步转变为激发式、引导式、启发式。从本质上讲，教育就是为了将教育内容内化为学生的内在需求，将传统的学生被动接受变为其主动需要。

2. 创新管理内涵理念

实现管理内涵理念创新就是对学生工作管理的方法和目标进行创新。新时代下的高校学生管理工作不能再走传统以权力和制度来实施管理的老路，而要实现"导向管理"。管理内容不是针对点而是对整个层面进行深层管理；管理对象也不是针对个别人而是抓典型管理；管理依据也不是单纯的校纪校规而是上升到依法治校、民主治校的高度；管理手段也从直接管理、教师管理转变为导向管理、宏观管理、自主管理。总而言之，管理要从传统的强迫式、被动式管理向现代的民主式、主动式管理转变，工作模式也从管理为主向教育为主、服务为主转变。

3. 创新服务内涵理念

实现服务内涵理念创新就是对学生工作服务的方法和目标进行创新。如今的高校学生工作的工作模式已经从管理型逐渐向服务型、教育型转变。具体来讲，创新服务内涵理念，就是营造优良教学环境，优化学校软硬件设施，为学生成长、成才创造有利条件，不断促进学生成长、成才。服务内容要以学生在生活和学习过程中的实际需求为主，服务方式要引入社会管理方式，实现服务的最优质化、物质利益的最小化。高校学生的身份并非仅仅是受教育者，还是教育的消费者和投资者，所以为学生提供服务是十分必要的，具体措施包括：改善、优化学生当前所处的生活环境和学习环境，为其提供各种生活和服务；对学生社区实时物业化管理，完善其社会功能，将学生社区打造成集文化、健身、购物、娱乐、休闲于一体的完整文化社会；为生活有困难的学生提供勤工俭学的机会和服务，保证其顺利完成学业；为有研究、出国、考研等想法的学生提供专门的指导，帮助其确定自己的方向；为学生提供就业服务，尤其是在技术、心理、政策等方面的指导服务；同时完善信息网络。

三、高校学生管理模式的创新路径

当今社会早已步入互联网时代，此时的高校教育早已变成大众化教育，与以往的精英教育大相径庭，无论是受教者的理论基础还是学校情况都有了翻天覆地变化。在高校，班主任和辅导员是学生的主要教育者，在他们的教导下学生知晓了如何克服压力、如何相互竞争、如何正确就业等，同时形成完善的人格，拥有广阔的胸怀，能够正确规划自己的人生，更重要的是，教育者在教导学生过程中融入了德育，尤其是在学生就业和成才阶段，教育者通过主动管理育人，提高工作效率和工作水平，创造更好的育人环境和氛围。

（一）建立优秀的管理团队和制度

对所有学生管理者来讲，他们开展管理工作的主要目标是将学生培养成符合社会需求、能够适应时代的专业人才。要想实现这一目标，学生管理领导干部需要不断加强管理队伍建设，让所有管理者都能意识到学生管理工作的重要性，优先任用那些具备高工作能力、高思想素质以及丰富工作经验的人负责管理领导工作，定期组织并开展对各分校、教学点学生管理领导干部的专业培训，邀请较高水平的专家讲座，全面提升学生管理干部的素质。通过各种方式组织开展校与校之间学生管理工作的交流，请学生管理工作突出的管理人士讲解、传授管理经验，并通过讨论交流，达到共同提高、共同进步的目的。以校本部为载体，开设全校性学生管理工作专项窗口，广泛讨论发表管理体会，创建全校性学生管理专刊，组织系统内投稿，把学生管理工作真正落到实处。

首先，高校应建立导学教师引进、培训、考核、交流的整套制度。完善引进程序，严把关，力争把有能力、责任心强的导学教师引进来。其次，高校应建立严格的导学教师培训、考核制度。导学教师应对以现代计算机网络为主的多媒体现代远程教育技术有较好的掌握，能熟练运用计算机网络等媒体技术获取教学资源，并能配合辅导教师进行教学资源的整合，组织和指导学员开展网上答疑、双向视频等网上教学活动，利用微信群、电子邮件等与学员进行日常沟通。最后，高校应完善导学教师的流动计划，打破以往导学教师队伍建设的封闭体系，激活用人机制，拓宽辅导员出口，加强导学教师的交流和提拔，解决辅导员的后顾之忧。解决辅导员流动性较强、流失率较高的问题，必须加强辅导员的专业化建设，其中最主要的就是更新观念，尤其是更新领导的观念，从而全面提高辅导员的综合素质。辅导员在工作了一段时间以后就会积累一定的工作经验，也会认识到自身不足。如果学校能构建一套完整的培训机制，给他们更多的培训学习的机会，不管是对学校还是对辅导员本人来说都是双赢的。另外，还可以加强辅导员之间的沟通与交流，使辅导员的业务能力不断提高，保证辅导员在工作中发挥应有的作用，提高学生培养的质量。

（二）注重培养优秀的学生干部

优秀的学生干部对学生管理工作至关重要，他们既能辅助高校辅导员开展工作，还能起到榜样作用，吸引更多学生向其学习，更重要的是，他们能在参与管理工作的过程中不断磨炼自己的工作能力，为未来参加工作奠定基础。高校辅导员在任命学生干部时不能任人唯亲，也不能揪住学生的小缺点不放而忽视学生的优点，要多了解任课教师和其他同学对该学生的评价，同时结合该学生的日常表现择优或民主选拔。此外，高校辅导在任命学生干部后要尽量不加干涉，信任他们、尊重他们，充分发挥其主动性和主观能动性。

学生干部队伍应真正发挥先锋模范作用，真正发挥战斗堡垒作用。学校应健全团支部、学生会组织，主动让学生组织成为学校与学生、教师与学生之间沟通的桥梁，通过民主推荐、个人竞选等形式产生学生干部队伍。根据开放教育类学生在生理层面和心理层面存在的特性，以学生干部为"媒介"进行广泛的、深入的思想交流，使学生树立自信心。高校可以从以下两方面着手：一方面，可以对他们在学生和工作中做出的努力和获得荣誉给予高度认可，让他们知晓自己具备很多优点，并且能力很强；另一方面，可以对学生开展一对一辅导，及时了解学生遇到的问题，及时解决并反馈经验。教师在与学生交流时要尽可能消除身份的界限，以"朋友"的身份交流，激发学生的学习积极性；同时，教师要不断优化自己的教学方式，尽可能消除代沟。教师要主动鼓励学生，帮助他们做好职业生涯规划和未来人生规划。某些学生产生的问题可能与其他同学不同，需要教师单独与其做深入交流，找到学生出现问题的原因，为其提供恰当的解决方案，激发其学习主动性。此外，教师在开展管理活动时尽量不使用说教的形式，避免学生产生排斥心理，进而拒绝配合教师管理，甚至直接放弃学习。

part4

第四章

高校教学管理模式

第一节 高校教学管理的内涵与特点

教学是高等学校的中心工作，高校工作以教学为主。教学管理在高校工作中具有十分重要的地位。教学管理是高校各项管理工作中最活跃的主导因素，是高校基本特征的体现，是高校提高教学质量的基本保证，是体现协调"教"与"学"关系的重要手段。搞好高校教学管理，必须树立正确的指导思想，明确教学管理的总任务及基本内容。

一、高校教学管理的内涵

教学管理是对学校教学过程中各基本要素及其相互关系的组织、协调、服务、监控，以及优化教学资源、有效实现教学目标的活动。高校教学管理是对教学资源及其要素，包括人、财、物、信息、时间、空间的管理，同时包括教务行政、教学运行、教学设施手段、师资队伍、教材建设、教学质量等各教学职能范围的系统管理。

二、高校教学管理的特点

（一）规范化

1. 进一步完善教学管理体系

高校教学管理体系是在校党委和主管校长的具体领导下，以教务处为操作中心，以二级学院或系部为具体的运作对象，经由统一的安排，有秩序地实施各种教育教学活动，完成既定教学任务的有机统一体。完善的教学管理体系是教学工作顺利进行的保证。在目前的高校教学管理中，教学的决策权过于集中在学校一级，院系一级缺乏相应的灵活性和活力。这就造成校、院两级管理的职责和权力不匹配，职责分工不明确的后果。所以，要进一步加强和完善教学管理体系，建立一个职责和权力清晰明确，职权相应的组织机构，并在此基础上确保和提高教学管理效果。同时，在加强和完善管理体系时，要真正体现以学生为本、以教学服务为本的基本指导思想，赋予教学管理真正的弹性，使二级院系部门能够匹配相应的权力，成为教学管理的重心，构建以服从教学和服务教学为特征的新的教学管理体系。

2. 落实教学管理规章制度

只有建立健全的教学规章制度，才能为教学管理的规范化运作提供有力的制度保障。在落实教学管理规章制度的时候，我们要认识到：首先，教学管理工作的基础是各类教学文件，文件一旦制定、形成，就必须认真严格执行。其次，教学管理工作的核心是对教学管理规章制度的有效遵守。例如，教学计划是学校保证教学质量和确定人才培养规格的重要文件，具有很强的纲领性，因此在教学过程中，一定要严格执行，不得随意改动。再次，对于教学管理中的各级、各类人员，都要明确其各自的职责，建立、健全岗位责任，保证和促进教学质量的提高。最后，遵守教学管理规章制度，是"有章可依，有法必依"的具体体现，只有严格按照章程办事，才能真正体现教学管理的规范性。

3. 建立合理的教学督导机制和评价体系

督导机制具有"监督"和"指导"的双重作用，教学督导组通过全方位对教学过程进行监督检查，可以及时发现教学过程中的问题，并在第一时间进行反馈和处理，指导一线教师和教学参与者进行教学改革，提高高校教学质量。同时，教学督导的结果和效果可以为教学评价提供较权威的第一手的资料以及事实依据。另外，应该构建科学合理的评价方式和评价体系，公开、公平、公正地对教学水平进行评价。

（二）科学化

1. 采用先进现代的管理方法——目标管理

作为现代管理方法中非常重要的一种方式，目标管理可以有效地应用到高校教学管理过程中。目标管理应用在教学管理中可以分成三个阶段。首先，通过上下结合、相互探讨、群策群力的方式，确定合理的教学目标并将之量化。在教学目标量化的过程中，要"以人为本"，使教学工作的执行者既可以明确自己的职责范围，尽心尽力，又不会打击教师在教学过程中的积极性，使其充分发挥自己的聪明才智。其次，将量化后的工作目标转交至执行者，由执行者自我管理，这样可以充分尊重执行者的意愿，发挥其能力，使教学目标能够有效达成。最后，根据教学目标进行科学、客观、公正的评估，并将评估的结果进行汇总，找出目标确定和目标实施过程中的不足，并在下一步的管理工作中加以克服。

2. 利用信息化技术手段分析评价教学过程和教学成果

因为现代高校规模日益庞大，在教学管理过程中收集的数据也越来越多，仅靠人工的处理和分析，显然不能适应高校教学管理的新形势，所以，必须借助现代的管理工具、分析软件等，对管理过程中产生的大量信息进行科学的分析和处理，并为以后正确的决策提供可靠的数据支持。

（三）精细化

1. 坚持"以人为本"

高校教育说到底是人的教育。其对象主体是一个个思维迥异、性格鲜明的人。具体来说，高校的教学管理要坚持以服务教师和学生为本。高校的管理有自己的特点，如管理相对松散、自由性较高等，这就需要在进行教学管理的时候，既要坚持原则性，又要考虑到实际情况。例如，在编排课表、安排考试、反馈评教的时候，要充分考虑教师的年龄、性别、具体情况，统筹安排，既要完成管理任务，又要照顾到教师的具体困难，这样才能形成良好的管理氛围。这种注重细节和对象感受的管理，就是"以人为本"的精细化管理。

2. 精细化管理不是其他管理方式的简单抄袭

精细化管理以具体明确的规章、制度约束教学实施者的行为，强化了管理责任的落实。但应注意，凡事过犹不及，管理操作得过于细致、死板，就会事倍功半，甚至完全背离管理的初衷。因此，高校的精细化管理要避免烦琐，防止盲目地追求"巨细无遗"，把简单的问题复杂化。高校作为一个各个学科大融合的地方，其内部本身就存在很大的差异，如教师的科研工作就有文和理、动和静、社会调查和室内实验等的区分，制定过于刚性的管理制度，忽视、不区分不同学科之间的巨大差异，对教师工作考核以同一把尺子衡量，本身就不是科学的工作方法。因此，精细化管理不等同于简单的数量管理，而是要充分考虑具体情况，其最终目的是将责任具体化、明确化，从而提高管理的有效性。

第二节　高校教学管理的系统科学方法研究

一、高校教学管理的系统方法

高校教学管理特别是教学质量管理作为高校管理的重要组成部分，是作为一个相对独立的子系统而存在的，并对高校管理系统产生影响。系统科学的思想和方法是建立高校教学管理系统的理论基础。因此，要用系统论的观点和方法审视高校教学管理问题，研究教学管理系统各要素的相互联系与相互影响，分析系统的结构与功能，进而实现教学管理的科学化和现代化。

（一）系统分析的程序

运用系统方法必须按科学程序办事。高校教学管理中的许多重大问题，因为其联系复杂，制约因素多，所以，无论是决策还是指挥、控制，绝不是靠少数人的狭隘经验和主观臆断就可以解决的，而应遵循系统分析方法的一般步骤和程序：提出问题，明确目标；收集资料，分析问题；提出方案，建模选优；组织实施，控制调整。

（二）系统方法的基本原理及在高校教学管理中的应用

系统管理是现代管理科学的重要组成部分，它是以系统论为管理的理论依据，用系统方法对管理对象进行科学管理的。现代教学管理系统是把教学管理活动中的人、财、物、信息和时间等各种基本资源经过合理的组织和有效的利用，最大限度地发挥其作用，完成教学目标的一种管理组织系统，是由人的系统、组织系统、物的系统、信息系统等组成的多因素、多序列、多层次的复杂系统。高校教学管理活动是一个复杂的系统，它具有自身的构成要素、层次和功能等系统特性，如教学管理对象的复杂性与客观性、教学管理过程诸要素的相关性与有序性、教学管理主客体关系的能动性与制约性、教学管理环境的动态性与多样性等。教学工作的系统化管理，就是根据教学工作本身的规律和特点，运用系统科学的方法，把整个教学管理过程作为一个系统进行研究，以求得整体上的最优，即通过组织、协调各子系统的关系，使各组成要素和结构组成一个协调运行的整体，以达到系统的整体性目标，达到提高管理效率和人才培养质量的目的。因此，系统方法是高校教学管理的一类非常重要的方法，其基本原理和应用内涵主要体现在以下五个方面。

1. 管理工作的目的性

目的性是系统论的首要思想。开放系统在与环境的相互作用过程中会达到一个稳定的状态，这种状态表明该系统具有目的性。系统的目的性就是系统的功能所表现的趋向性、方向性。例如，在企业质量管理中，要设定质量方针目标。质量方针目标是质量管理体系的基础，各子系统要为达到这一目标而共同努力。质量方针目标是企业运行的行动纲领和方向，指导质量管理体系的建立，包括进行质量职能分解、组织机构设置、过程确定、资源分配等。在高校，教学管理主体与管理对象都处于特定的教学质量管理系统中，教学管理主体必须运用系统理论组织教学质量管理活动，运用系统方法调节、控制教学系统的运行，最终引导教学管理对象实现预定目标，这也是教学质量管理目的性的体现。根据系统方法的目的性原理，任何管理行为都是为了实现系统的价值目标。高校教学质量管理系统的价值目标主要包含两个方面：一是全面提高教学质量，使培养的人才适应经济社会发展的需要；二是提高教学及质量管理工作的效率和效益。这两个方面应有机结合，不可偏废。因此，高校领导必须紧紧把握住教学质量管理的价值目标，不仅要制订出符合本学校、本单位特点的，并与教育方针相一致的总体人才培养目标，而且要指导下属各部门、各单位围绕这一总体目标制订出协调一致的具体目标。当子系统的目标与整体目标冲突时，各级管理者不仅要以实现总体目标为准则，还要善于把握目标的发展方向，消除各种影响系统目标实现的干扰因素，确保教学质量管理价值目标的实现。

2. 管理系统的整体性

整体性是系统方法论的核心和基础。系统是指由两个以上相互作用、相互联系的要素、元素、部分、环节，按一定层次和结构组成的具有特定功能的有机整体。"整体大于部分之机械总和"，这一命题是系统整体性的集中体现，所以整体性又称非加和性。系统的整体功能不等于各个要素之功能的相加，而是要大于各部分功能之和。系统的各部分在组成一个整体后，各部分不再只是发挥其原来的功能，而是互相有机地结合在一起，发挥出总体的功能。这是一种质变，是原来各部分所不具备的，它要求高校教学管理者在研究和处理问题时，牢固地树立全局观念，始终把管理对象看作一个有机整体，而不是孤立地研究它的本身，否则就会犯"头痛医头，脚痛医脚"的毛病。研究任何问题，首先要弄清：它处在一个什么样的系统之中，它所处系统的性质和整体目的，它在这个系统中的地位和作用，它与该系统中其他各因素的关系，这个系统所处的环境条件，等等。只有把这些问题弄清了，并且正确地对它进行判断，才能保证整体的优化，达到配合整体功能的要求。

3. 管理要素的相关性

系统论认为，系统就是相互关联和相互作用的一组要素构成的整体。系统的相关性是指系统内部要素与要素之间以及系统与外部环境之间的相互联系、相互依赖、相互作用的特性。它告诉我们，系统各要素之间、要素与整体之间、整体与整体之间、本系统与外系统之间存在着普遍的相互联系。因此，系统内外任何要素的存在、运动、发展、变化，都与其他要素相关，并在系统的内、外部形成一定的结构和秩序。高校教学管理系统是社会系统和学校管理系统的一个组成部分，是社会和学校大系统的一个子系统。一方面，社会经济、政治、科学技术和文化等因素的变化，制约和影响着高校的人才培养和教学管理工作，只有重视教学及其管理系统与社会环境的相互作用，教学管理才富有生机和活力；另一方面，需要保证教学管理系统与学校管理大系统中的教师管理系统、学生管理系统、科研管理系统、后勤管理系统之间的协调发展。当然，高校教学管理系统自身也要处理好各部门、各层次、各要素之间的相互关系，并将它们合理组合起来，实现交叉和整体优化。比如，在实施学分制教学改革时，应从提高教学管理水平、实现人才培养目标这一整体功能出发，综合考虑学分制的课程结构、教学方式、教学组织形式、教师资源、学生管理模式、选课信息管理等相关因素的配合与协同情况。

4. 管理结构的层次性

系统是由不同层次的等级结构组成的有机整体。无论是从结构层面还是从功能层面，系统都可以划分为不同的等级层次。高一级系统包含低一级系统（子系统），而低一级系统往往是高一级系统的要素（子系统）。也就是说，系统要素的结构与功能之间存在着不可分离的关系。通过对系统要素的等级层次的有序化建构和协调，可以实现系统整体功能的最优化。因此，在分析和认识系统整体的性质、目的和要求的基础上，还要将整体加以分解，对系统的各个因素及其内部结构进行必要的分析。对高校教学工作进行系统管理，也要讲究管理的层次性，实现校、院、系等教学管理组织机构的分级管理，实现各个层次的相对独立，使其各司其职。

5. 管理过程的动态性

从系统论的角度看，任何系统都是一个运动过程。系统方法要求我们以动态的观点去分析与考察事物的运动状态和运动过程。从明确办学定位，进行社会需求和人才市场调查，到确定人才培养目标和培养规格，进而确定课程体系、教学内容和教学过程，再到加以实施、评价等，这就是系统化教学管理的过程。课堂教学过程也是一个完整的动态系统。其基本要素有教师、学生、教学媒体、教学措施和教学环境。教学过程这个动态系统，是按照课前备课与预习、课堂传授与接收、课后辅导与复习、课终检查与评定这四个程序运行的。课堂教学系统要想发挥其最佳功能，即取得最优化教学质量，就必须遵循系统论的整体性和动态性原则，依据整体目标优化系统中师、生、教学媒体等要素，重视并优化课前预习、课堂讲授、课后辅导、复习、课终检查与考试等程序，使之形成一个有序的动态系统。

二、高校教学管理的控制方法

（一）控制方法的基本原理和步骤

控制论研究问题的基本方法：将研究的对象看成一个整体，称为被控系统；将研究对象受周围环境的作用看成通过特定通道实现的"信息输入"；将研究对象对周围环境作用下的反应看成通过特定通道来实现的"信息输出"；将给定信息作用的结果通过输出信息送返回来，并对信息的再输入发生影响，以起到调节控制的作用。与传统控制方法不同的是，现代控制方法不是利用行政干预的方法，而是运用信息反馈的方法，对被控制的对象加以控制。简言之，控制方法就是将给定信息（包括目标、任务、计划、要求等）输入被控对象，再把对象产生的反应、结果（输出信息）反馈回来，并与给定信息进行比较判断，这当中不需考察该系统内部要素、结构及内容和形式。如果发现这两者有偏差，则采取措施加以纠正，从而消除或减少差距，保证既定目标的完成。

控制方法具体运用起来形式和步骤有很多，要将其运用到组织（如高校）管理中，一般应抓住以下几个环节和步骤：一是明确控制对象。如将组织总体目标或将组织中的人力资源管理作为控制对象。二是确定控制目标。控制方法要求将目标任务作为给定信息输入被控制对象，所以在建立控制系统时必须首先确定目标。三是制订标准规范。要按标准化的原理对所要完成的目标任务（如数量、质量、时间等）、责任以及考核的办法，制订出明确的标准，形成一套标准化体系，以便能按标准要求执行，并便于考核和奖惩。四是实现自我控制。控制论方法的核心是被控制对象实行自我控制，凡是组织成员能自己处理的应该让他们自己处理。五是评价实施结果。控制方法主要是运用信息反馈的方法进行控制，所以要对实施结果进行评价。在实施过程中，不仅要对最终结果进行评价，还要及时进行评价，以便按评价的结果进行调整。

（二）控制方法的基本原则

1. 适度性原则

适度控制是指控制的范围、程度和频度要恰到好处，防止控制过多或控制过少。控制常给被控制者带来某种不愉快的感受，对组织成员行为的过多控制，会抹杀他们的积极性、主动性和创新精神；但过少的控制，将不能使组织活动有序进行，不能保证各部门活动进度和比例的协调，将会造成资源的浪费和组织活动的混乱。有效的控制应该是既能满足对组织活动监督和检查的需要，又能防止与组织成员发生强烈的冲突。

2. 客观性原则

有效的控制必须是客观的，即要根据组织的实际情况，采取必要的纠偏措施，促进组织活动沿着原先的轨道继续前进。客观的控制源于对组织活动状况及其变化的客观了解和评价，这就要求在控制过程中所采用的检查和测量技术与手段必须能正确地反映组织活动的真实状况，准确地判断和评价组织内各部门、各环节的工作与计划要求的相符或相背离程度，从而采取正确的措施，进行客观的控制。

3. 柔性化原则

组织系统在运行过程中常常会遇到某种突发的，以及无力抗拒的变化，这些变化使组织的计划与现实条件严重背离。有效的控制系统应在这样的情况下仍能发挥作用，维持组织的运行。也就是说，有效的控制应该具有柔性和灵活性。柔性化控制要求组织制订柔性的计划和柔性的衡量标准。

4. 反馈性原则

反馈是控制论中的一个重要概念，它指施控系统的信息作用于受控系统（对象）后产生的结果的信息，再输送回来，并对信息的再输出产生影响的过程。所谓反馈性原则，就是运用反馈原理，使施控系统根据反馈情况调节受控系统的信息输入，以实现控制的目的。反馈有正反馈和负反馈之分。如果反馈结果不断强化原运动过程或强化偏离目标因素，加速系统的不稳定甚至崩溃，就属于正反馈。如果反馈结果不断削弱原运动过程的偏差，使其稳定地趋向目标状态，就属于负反馈。反馈是系统稳定存在和顺利发展的保证。

（三）高校教学质量管理的控制方法

高校教学过程及其质量管理活动实际上就是一种控制过程，因此可以运用控制论方法来进行管理。所谓教学质量控制，其基本含义就是按照教育教学规律，通过信息的传递、交换、处理和反馈，对各部门、各系统、各成员的教育教学工作进行有序的调控，促使教育教学质量向着预定目标发展。可见，教学质量控制实质上是对教学质量发展的可能性进行有方向的选择并加以调控的过程。

为使整个教学质量管理大系统合理地运行，必须建立有效的教学质量控制系统作为保障。教学质量控制系统是通过对教学目标的前馈控制、对教学过程的适时控制和对教学信息的反馈控制而形成的一个完整的闭合系统。它主要包括目标控制体系、教学过程控制体系、教学信息反馈体系三个部分。教学质量控制的有效性，取决于科学的质量控制方法。控制论中的控制方法包括前馈（事前）控制、适时（事中）控制和反馈（事后）控制三种。教学质量控制同样包括这三种方法，并细分为定向控制、条件控制、程序控制、随机控制、反馈控制、循环控制等具体控制方法，它们构成了教学质量控制的有机整体。

1. 前馈控制

前馈控制也称为事前控制，即通过系统输入和信息馈入，使之在运行过程的输出结果受到影响之前就予以纠正。它是一种面向未来的控制，其重点在于"防患于未然"。高校教学质量管理中的前馈控制，是指在教学活动开始之前，对教学准备工作及影响教学质量的各项因素进行分析与控制，这是一种以预防为主的主动的教学质量控制方法。实践证明，前馈控制意识越强，教学质量管理中的失误就越少。前馈控制主要方法包括定向控制法和条件控制法两种。

（1）定向控制法。控制论认为，不论对何种系统进行优化控制，都必须有明确的控制目标。控制目标是控制活动的最基本的根据，是控制活动的出发点和落脚点。如果教学质量管理缺乏目标或目标不明确，就难以进行有效的控制。同样，如果教学质量管理的目标和方向不明或定向错误，教学质量的管理就会偏离正确轨道。教学质量的定向控制，就是通过建立教学质量目标，控制教学质量向着预定的目标方向发展并纠正出现的偏差。其主要措施如下：一是确定人才培养目标，根据培养目标研究人才的知识、能力和素质结构；二是制订教学计划，根据教学计划进行课程设置和教学环节安排；三是制订教学质量标准，依据教学质量标准进行质量监控和质量评估；四是构建专业、课程等的质量评估指标体系，并依此对专业、课程等的建设进行目标导向和质量诊断；五是设定明确的课堂和实践教学的目标，以使整个课堂和实践教学控制有一个总的依据，实现对教学工作的优化控制。

在采用目标定向控制法时，应注意根据学校的师资、办学资源、学生素质等实际条件，提出一个经过努力可以达到的质量目标，并制订质量发展的近期规划和中、长期规划，这样，提高教学质量就有了方向，质量管理就有了依据。

（2）条件控制法。条件控制就是根据调查和教育预测，事先设计、提供和创造一定的条件，或者有针对性地排除一些可能干扰教学质量的因素，保障教学活动顺利进行。其主要措施如下：一是提高教师、教学管理人员和政工干部的素质与业务水平；二是改善教学设施、仪器设备、实习基地、图书资料等教学物质资源条件；三是建设优良的校风、教风和学风，营造良好的教学环境；四是提供良好的学习、工作和生活条件，不断改善科研条件、办公设备条件和校园环境等。

2.适时控制

适时控制也称为事中控制或同步控制，即在活动进行过程中所实施的控制。其纠正措施也作用于正在进行的计划执行过程。进行适时控制，可以在发生重大损失之前及时纠正问题。适时控制的中心任务就是依据教学计划和质量标准，及时发现偏差并适时加以纠正，防止教学偏离教学计划和质量目标轨道，确保教学活动的质量。适时控制有程序控制和随机控制两种方法。

（1）程序控制法。实施程序控制，就是依据教学工作的运行规律，建立教学活动的工作程序和管理工作的日常程序，促使教学管理过程诸环节的运行向着合乎目标的方向发展，并通过信息反馈随时调节纠正运行中的偏差。教学质量目标的实现，是一个连续的、有序的螺旋上升运动过程。程序控制法的实质在于确保质量发展过程的连续性。为此，应当建立如下程序控制：第一，建立学制阶段全过程质量管理的一般程序。遵循学生身心发展规律安排作息时间，按教学计划的规定开设课程，按学校培养目标和学位授予标准决定学生的毕业、肆业或学位授予等。第二，建立学期工作管理的一般程序。学期初抓计划，学期中抓检查，学期末抓总结，平时抓落实。第三，建立师生教学活动的一般程序。教师建立备课、上课、作业批改、答疑、实验、实习以及考试考核和教学总结等教学工作程序；学生建立先预习后听课、先温习后作业、先准备后实验、先复习后考试的学习程序；教学管理人员建立计划、实施、检查、总结、交流、考评与奖惩的教学管理工作程序。虽然质量控制的程序是严格的，但它不是一成不变的，而是随内、外环境的变化而变化的。

（2）随机控制法。所谓随机控制，就是在教育教学运行过程中，及时沟通和反馈信息，并采取有力的调控措施，排除造成质量波动的各种干扰因素，使教学工作运行正常、教学质量得以不断提高。教学系统在其运行过程中，经常会受到内部环境因素（如教师教学态度不端正、教学仪器故障等）和外部环境因素（如教室外的喧闹声等）的干扰，从而使教学质量出现波动或偏离目标轨道。这时，就需要进行随机控制。其方式主要是对教学工作进行质量检查、评估、监督和指导。

3. 反馈控制

反馈控制也称为事后控制，是以系统输出的变化信息为馈入信息，通过反馈作用调节和改进系统的运行状态，防止已经发生或即将出现的偏差继续发展或再度发生，预防将来产生更大的偏差。要使整个教学质量监控系统合理地运行，必须通过教学检查、教学督导、教学评估及信息反馈等途径，建立有效的教学状况信息反馈系统来实行反馈控制。通过对教学活动的最终结果偏离目标的差距进行分析，发现存在的问题和偏差，及时采取措施补救，确保教学活动不偏离目标并达到预期目的。如果达不到预期目的，补救是要花代价的，并且有时还不可补救。反馈控制的行为属于"亡羊补牢"式的补救，因此，要使质量控制达到事半功倍的效果，就应把控制重点放在事前控制上。

反馈控制的一个典型模式是循环控制。循环控制的目的是及时总结一个周期工作的经验教训，并且适时反馈到下一个周期循环，对下一个循环的教学工作进行调控，以不断优化教学过程和持续提高教学质量。

第三节　互联网时代高校教学管理模式的创新

一、高校教学管理的理念创新

在高校教学管理中，除了师资队伍、办学建制外，更重要的是引进先进管理理念并使之发挥作用。当今是信息化建设飞速发展的时代，高校管理者不仅应具备优秀的管理能力，还应具备以下的先进管理理念。

（一）主动适应的思想

主动适应是指教育管理者在发展教育时应该注重社会发展需求的分析，及时将人才培养的方向与社会总需求相结合，向社会输送高素质、高技能、适应性强的人才。高校应主动对接企业、用人单位，针对不同人才需求及时调整教学思路，建立人才培养与社会需求之间的紧密联系。主动适应思想作为高校教育的主要指导思想，具体体现在人才培养方面的适当放权，即根据外部环境变化，主动调整和变化教学要素，积极与社会需求接轨，灵活应对社会发展潮流。

（二）全面质量管理理念

全面质量管理是一个组织，以质量为核心，以全员共同参与为根基，目的在于让组织的全部成员与社会受益，而获得持续成功。高校教学管理实践当中的全面质量管理具体内容如下。

1. 全过程质量管理

要想把教育目标作为核心，科学有序地实施教育教学活动，就要加强对教育教学环节质量的全方位把控，尤其是要管理好接口，保证不同环节的有效衔接，有效确定不同环节要达到的质量标准。

2. 立体化、全覆盖质量管理

在加强高校教育管理时，要做好学校各个部门的质量管理监测，一旦发现影响教学的因素就要综合考虑，研究对策。例如，后勤部、人事管理部门等学校自身管理系统的运行质量会直接影响教学以及其他工作，这是我国高校的现实情况。

3. 全员参与质量管理

在高校教学管理中，无论是教师、学生还是学校管理者，都有义务和责任对学校的质量提升做出积极的贡献。作为管理者应当注重发动全校师生，共同参与学校建设，从每个部门、每个院系出发，做好全员管理工作，从而培育高素质人才队伍，建立一流高校管理机制。

二、高校教学模式与管理模式的创新

目前，社会对人才的需求标准与日俱增，学校应该努力培养出一批专业技能高、综合能力强的高质量人才精英。因此，改革教学模式和管理方式势在必行，信息化为教育教学改革提供了条件。在信息化社会，教学培养人才的方式应突出以下几个方面。

（一）引入学生参与式教学

学生虽然在课堂上属于教学客体和教学目标人群，但学生也是课堂的重要参与者。因此在教学方法上，要突出学生的学习主体地位，对教学方法加以改进，以课堂提问式教学、开放性教学为特征，引导学生进行开放性、发散性思考。有些探讨的问题可以没有标准答案，有的甚至不留作业、论文，留给学生充足的时间进行思考和探索，提高学生学习的积极性和主动性。在课堂之外，学生可以利用网络大量收集信息来解答问题，教师再对学生加以辅导，使其完成知识学习的系统化和内化，从而完善学生的知识结构。这样的学习实践过程，有助于提高学生利用网络技术分析问题和解决问题的能力。同时，网络教学方式还能促进学生深入理解和掌握学习内容，进行知识扩展，获得多方面的学习收获。另外，教师需注意不同知识基础的学生的教学进度问题，在学习个性化和基础综合并重上下功夫，加强因材施教，完善学习规划，尽可能使每个学生都获得最新、最全的知识结构。

（二）提升学生实践能力

目前部分高校的教学设备配备还不齐全，很多学校的实验品供应不足，仪器仪表硬件设施等还不齐备。这些客观因素在一定程度上影响了学校实践课程的开展。而计算机技术具有模拟、虚拟等功能，教学设计者可以通过设计小程序为学生提供虚拟实验室。在网络上，学生可以进行虚拟实践操作，不受空间、时间、硬件等限制，从而可以进行多次实践。例如，网上虚拟数码青蛙的解剖手术，即可以使学生利用计算机技术进行虚拟解剖。虚拟实验室相比传统实验室具有低风险、低成本的优点。在计算机系统上，学生操作次数不受限制，失败可以重来，能够反复训练，直到熟练，并且简单易操作。有的实验有危险性或是肉眼不易观察，实验条件非常苛刻，建立实验室难度较大。在这种情况下，可以利用虚拟实验室达到实践操作的训练目标。

（三）加强全面型人才的培养

加大全面型人才培养力度，鼓励学生宽口径、跨学科学习。随着社会不断发展，新的学科和交叉学科不断涌现。因此，教师在教学过程中，要注意强化综合培养意识，建立交叉学科培养的教学机制，突出宽口径教学和跨学科教学，使学生在未来竞争中具备突出优势。高校管理者要充分调研市场需求，借鉴国内外成功的跨学科教学方法，并注重与本校的实际相结合，将必修课程和选修课程加以科学分类和交叉学习，加强校内院系学科的互通性，包括文理交叉、跨门类交叉。这样可以充分锻炼学生的综合学习能力和实践能力，培养学生的创新性和创造力。

在专业设计上，高校管理者应提供更多的专业和课程，使学生能够根据自己的爱好和特长设定符合自身优势和兴趣导向的培养目标，从而提升学生的学习积极性，开展自主学习。学校应为学生提供跨专业、跨班学习的便利条件，完善课程积分机制，抓住交叉学科的优势，组织教研人员和配备教师，形成有机制、有规划的跨学科教学体制，增强多个部门协作的创新意识，从而为社会培养更多的综合型人才。

这种新的教学培养模式必然要求转变管理方式。当前，很多高校都实行学分管理制度，并没有改变传统的教学管理模式，仍以学分确定学生培养程度和方式，不够灵活，条条框框和约束太多，造成无法使教学和学生实现多门类、跨学科发展。因此，高校应注重学生的个性化培养，在教学管理方面，提倡以学生为中心、教师为辅助，建立以学生为主导的学生服务中心，即高校应建立一个相对完善的管理部门，针对学生的个性化发展，建立心理咨询、急救救援、学习指导、工作导向研究等一系列配套机制；取消班级制度，以宿舍管理体制为基础，建立由一个教师带 10 名左右学生的互学互助小组。小组引入高年级或研究生班级的优秀学生，帮助参与管理和指导学科学习。这样有助于学生加强自我管理、互助学习，提升学生的主动性，锻炼学生的综合能力，并有效推动每个学生积极、健康、全面发展。

三、高校教学管理课程体系的创新

根据目前高校改革的若干意见，高校课程体系评估也需要进行转变，具体体现在以下几点：

（1）加大学科课堂体系的整合力度。对各个学科应不断深入研究其课程目标、课程范围、教学基础设置，以不断加大整合力度。

（2）要强化课程体系的完整性。课内外时间有保证，教学内容越丰富，学科的课程体系才能越来越完整。

（3）要保证学科课程体系可持续发展。随着社会的不断进步和科技水平的不断提高，高校应对目前的课程体系应及时进行调整和更新，以适应社会发展需求。

（4）要保证课程体系的平衡结构。在课程内容设置上，要保证课堂的传统设计理念与新思路、新思维的高度协调，保证课堂的原发性和继发性层次结构与内部关系高度整合，共同发挥作用。优化课堂设置，应该注意以下方面：

第一，不断更新教学内容，保证课堂的科学性、前沿性和创新性。传统课程已经无法满足高速发展的现代社会需求，教师应时刻关注学科前沿知识，将最新科学成果纳入现有的教学课程；课堂教学与实践相结合，激发学生学习主动性和兴趣；利用网络学习辅助课堂教学，不断更新知识结构，以更好地完成教学目标。

第二，跨学科课程建设应被提上日程并加以实践。理工科与文科的相互渗透，能够让学生更具有社会竞争力和创新能力。教育管理者、学科建设者、一线实践者要密切关注综合学科和交叉学科的创建与发展，集思广益，注重实践。

第三，在师资培训方面，应加强师资队伍建设。渠道有以下四个：大量优秀教师的引进；不拘形式的教师的培养；考核不达标教师的分流；教学型、科研型、实验型三种类型的教师激励机制和竞争机制的引入。

第四，借鉴成功的课程设置和教学经验，达到教学改革目标。近年来，大部分高校改革都在有序开展，国外也有很多成功的案例，如校企结合、学生工作部的建立、跨专业学习等。加快改革进程，不仅可以借鉴外来经验，扩展教学内容和加快管理体制建设，还可以增加课程设置的种类和数量。

第五，突出课程比例的平衡和合理设置。高校目前大多实行学分制，课程分为必修课和选修课两种，两者有一定比例。但目前选修课普遍占比较低，无法满足学习多样化的需求，学分设置和成绩评估机制有待提高。因此，管理者可以在必修课程内加入一些选课系统，使学生根据自己的特长、兴趣选择如数学、物理、计算机应用等不同等级的课程，增加学生交叉学科学习的机会，提高学生的学习有效性。

part 5

第五章
高校师资队伍建设
与管理模式

第一节　高校师资队伍管理的本质

本节拟采用系统分析法来分析高校教师队伍管理，即立足于整体、全局的视角，对目标系统的要素及其之间存在的各种关系进行探寻，同时关注环境与目标系统之间的关系。系统分析法的支持，有助于从整体上找出系统中存在的实质性问题，并从中分析根本原因，提出解决方案。

一、高校教师队伍的相关系统

如果将"高校教师队伍"视作一个系统,那么"教师"就是该系统的要素之一,"高校"是"教师"存在的环境。从这一角度出发，"高校教师队伍"系统包括晋升管理、招聘管理、调配管理、考核管理、薪酬管理、培训管理等；如果将其视为"知识"的系统,则该系统涉及的知识活动过程包括知识传播扩散管理、自主学习管理、知识输入生产与加工管理、知识输出管理以及知识创新管理。

本节研究以提高高校教师队伍系统的整体特性为主旨，即提高教师这一要素的能力，主要包括要素数量、种类、能力、体制、结构机制等方面。对其造成影响的因素有以下几种。

（一）关联性

在"高校教师队伍"系统中，各个要素之间相互制约、相互关联，不存在孤立的要素。在高校教师队伍"系统"中，这种特性表现为各类教师之间相互关联、相互影响、相互促进。

（二）多样性

客观事物之间存在多种多样的联系，联系的多样性形成了系统的多元化，对"高校教师队伍"系统进行分析时，应对其组成成分、相互联系的方式、结构功能等方面进行综合考察。

（三）层次性

在类型上，教师可以分成主型为基础研究的教师、主型为设计开发的教师、主型为应用研究的教师、主型为教学的教师；从年龄上教师可以分成青年教师、中年教师、老年教师等不同层次；从学术职务上，教师从低到高可分为助教、讲师、副教授、教授、特聘教授、院士等不同梯队。

（四）动态性

系统的发展是动态变化的，教师系统的构成要素包括知识存量、思想水平、工作业绩、工作态度、业务水平等方面，这些要素都与系统一样不断发展变化。教师从低到高的学术水平、从欠缺到丰富的工作经验，都在细节上体现了其动态性。

（五）环境适应性

任何系统都要在适宜的环境中存在，与环境进行信息、物质、能量交换。系统通过不断进行自我调整来实现动态适应环境。由此，在高等教育进入到大众化阶段后，"高校教师队伍"系统应通过不断调整与教育环境相适应，

二、高校教师队伍的管理系统

如果将"高校教师队伍"看作一个系统，那么系统的要素主要包括"科研编制"类、"教制"类以及"政治教育"类。管理高校教师队伍，势必涉及管理的主体——高校相关管理部门。高校教师队伍管理系统应包括后勤、财务、人事等，也应包括研究所、各院系的业务部门。而教师则担任这些部门的管理人员。所以，每个教师都可能承担着管理者与被管理者的身份。按角色对各要素的关系进行观察和分析，管理主体运用多元化的方法管理高校教师队伍，则管理主体就是管理者，教师就是被管理者，管理主体与教师之间存在管理与被管理的关系，这种关系就是通过管理来连接的。

三、高校教师队伍的地位

群体或个人在社会格局、社会关系中所处的位置就是地位，地位可以体现出群体或个人对社会的重要程度。党的十八大以来，习近平高度重视教师队伍建设，多次发表重要讲话，做出重要指示，为做好教师队伍建设工作提供了根本遵循。

（一）基于人类进步视角的高校师资队伍地位

基于人类进步这一出发点，习近平同志就高校师资队伍地位做出了相关论述。2016年12月上旬，习近平在全国高校思想政治工作会议上指出："教师

是人类灵魂的工程师，承担着神圣使命。"①2018 年 9 月 10 日，在全国教育大会上，习近平同志强调："人民教师无上光荣""教师是人类灵魂的工程师，是人类文明的传承者。"② 对人类整个发展进步的历程进行分析，可以发现，教师在其中发现了无可代替的作用。高校教师能引导大学生形成积极端正的价值取向，为其塑造健康积极的思想观念，引导其继承和弘扬中华传统文化，成为推动人类向前迈进的中国力量。高校建设优秀的师资队伍，还对大学生未来的前途命运有重要影响。2014 年 9 月 9 日，在与北京师范高校师生代表座谈时，习近平同志指出："一个人遇到好老师是人生的幸运。"③ 在青年大学生健康生活的人生中，大学教师充当其知心朋友的角色，在其成长成才的路上，大学教师则充当其人生导师的身份，引导青年大学生追求精彩的人生。

（二）基于国家民族振兴的高校师资队伍地位

习近平同志立足民族振兴、国家兴盛的角度，对高校师资队伍地位做出了论述。2014 年 9 月上旬，在北京师范大学开展的师生代表座谈会上，习近平提出："国家繁荣、民族振兴……需要涌现一大批好老师""一个民族源源不断涌现出一批又一批好老师是民族的希望"④；2016 年 9 月 9 日，他在北京八一学校考察时指出："党和国家事业发展需要一支宏大的师德高尚、业务精湛、结构合理、充满活力的高素质专业化教师队伍"⑤；2017 年 3 月 4 日，他在看望参加政协会议的民进农工党九三学社委员时强调："我国广大知识分子是社会的精英、国家的栋梁、人民的骄傲，也是国家的宝贵财富。"⑥ 作为重要的知识分子，

---

① 习近平. 在全国高校思想政治工作会议上强调：把思想政治工作贯穿教育教学全过程开创我国高等教育事业发展新局面 [N]. 人民日报，2016-12-09.

② 习近平. 在全国教育大会上强调：坚持中国特色社会主义教育发展道路培养德智体美劳全面发展的社会主义建设者和接班人 [N]. 人民日报，2018-09-11.

③ 习近平. 做党和人民满意的好老师：同北京师范大学师生代表座谈时的讲话 [M]. 北京：人民出版社，2014：4.

④ 习近平. 做党和人民满意的好老师：同北京师范大学师生代表座谈时的讲话 [M]. 北京：人民出版社，2014：4.

⑤ 习近平. 全面贯彻落实党的教育方针：努力把我国基础教育越办越好 [N]. 人民日报，2016-09-10.

⑥ 习近平. 在看望参加政协会议的民进农工党九三学社委员时强调：我国广大知识分子要主动担当积极作为，为国家富强民族振兴人民幸福多作贡献 [N]. 人民日报，2017-03-05.

高校师资队伍不仅是国家的"智力担当"，而且是国家的"创新担当"，在国家发展与社会经济建设的过程中，发挥着重要的推动作用。

（三）基于教育发展视角的高校师资队伍地位

基于教育发展这一出发点，习近平对高校师资队伍的重要地位做出了论述。习近平在 2013 年教师节给全国广大教师的慰问信中提出："百年大计，教育为本。教师是立教之本、兴教之源，承担着让每个孩子健康成长，办好人民满意教育的重任。"[①]2015 年 9 月 10 日，习近平在给"国培计划（2014）"北京师范大学贵州研修班参训教师的回信中指出："发展教育事业，广大教师责任重大、使命光荣。"[②]无论在教育改革方面，还是在教育扶贫方面，高校教师队伍的作用都不可忽略，高等教育正是在教师的推动下，得以不断发展。2018 年 5 月 2 日，习近平在北京大学师生座谈会上指出："人才培养，关键在教师。教师队伍素质直接决定着大学办学能力和水平。"[③]2019 年 3 月 18 日，习近平在学校思想政治理论课教师座谈会上指出："办好思想政治理论课关键在教师，关键在发挥教师的积极性、主动性、创造性。"[④]师者，人之模范也，只有组建一支高素质、高水平的高校师资队伍，才能实现高校治学办学水平的有效提高，从而为实现高等教育内涵式发展提供动力。

四、高校教师队伍的职责

在进行某项工作时，工作人员需要完成的任务和需要承担的相关责任与义务就是职责。高校教师应承担的职责主要包括科学研究、人才培养与社会服务三项内容。对此，习近平曾多次就高校师资队伍的职责进行深入、详细的论述，以告诫广大教师承担其应该承担的责任。

---

① 习近平.习近平向全国广大教师致慰问信 [J].人民教育，2013（18）：2.

② 习近平.给"国培计划（2014）"北京师范大学贵州研修班参训教师回信 [N].人民日报，2015-09-10（1）.

③ 习近平.在北京大学师生座谈会上的讲话 [M].北京：人民出版社，2018：7-8.

④ 吴晶，胡浩.习近平主持召开学校思想政治理论课教师座谈会强调 用新时代中国特色社会主义思想铸魂育人 贯彻党的教育方针落实立德树人根本任务 王沪宁出席 [J].人民教育，2019（7）：6-8.

（一）忠于"教书育人"

习近平对高校教师"教书育人"职责也做出了相关论述。2014 年 5 月 4 日，习近平在北京大学师生座谈会上强调："教师要时刻铭记教书育人的使命，甘当人梯，甘当铺路石，以人格魅力引导学生心灵，以学术造诣开启学术的智慧之门。"[①] 高校教师不仅要在学生成长成才的道路上扮演好"学问之师"的角色，向青年高校学生传授其丰富的人生学问与渊博的专业知识，引领他们迈入真理的殿堂，更要承担起作为"品行之师"的责任，端正自身的言行举止，发挥模范榜样的作用，通过正确的教导使学生树立良好的品德。高校教师最基本的职责就是"教书育人"，只有忠于"教书育人"的本职工作，教师才能一直在正确的道路上发展下去，在高质量完成教学工作的同时，发挥出应有的德育作用。

（二）当好"四个引路人"

习近平对高校教师"四个引路人"职责也做出了相关论述。2016 年 9 月 9 日，习近平在北京市八一学校考察时指出："广大教师要做学生锤炼品格的引路人，做学生学习知识的引路人，做学生创新思维的引路人，做学生奉献祖国的引路人。"[②] 高校教师应在青年高校学生努力学习、不断进步、追逐梦想的过程中，做好学生的引路人：教导学生锤炼品格，以德正身，成为品德高尚的人；教导学生努力学习，不断吸收各种知识，成为有智慧与才华的人；教导学生敢于创新、勇于尝试，成为一个不断进取的人；教导学生为国家发展、社会建设无私奉献，成为一个有利于国家发展与社会建设的人。

（三）争取成为"三者一人"

习近平对高校教师"三者一人"职责也做出了相关论述。2016 年 12 月 7 日至 8 日，习近平在全国高校思想政治工作会议上强调，高校教师应努力成为先进思想文化的传播者、党执政的坚定支持者，更好担起学生健康成长指导者和引路人的责任。[③] 高校思政工作十分重要，该工作的开展要求教师具有较强

---

① 习近平.青年要自觉践行社会主义核心价值观：在北京大学师生座谈会上的讲话 [M].北京：人民出版社，2014：13.

② 霍小光，张晓松.习近平在北京市八一学校考察时强调 全面贯彻落实党的教育方针 努力把我国基础教育越办越好 [J].人民教育，2016（18）：6-9.

③ 吴晶，胡浩.习近平在全国高校思想政治工作会议上强调 把思想政治工作贯穿教育教学全过程 开创我国高等教育事业发展新局面 [J].中国高等教育，2016（24）：5-7.

的分辨能力，能筛选出具有积极影响的信息，树立高校学生积极的思想观念，通过高校思想政治工作大力弘扬社会主义核心价值观与中华优秀文化，坚决抵制西方意识形态与不良思潮的渗透。这要求高校教师坚定中国共产党的立场，坚持中国共产党的领导，服务于中国共产党的伟大事业，同时引导高校生对中国共产党的思想、方针、政策、路线有正确且深入的理解，将更多优秀的学生凝聚到中国共产党的旗帜下。为此，在当今充满挑战与诱惑的社会环境背景下，高校教师应使用正确的思想价值观念，引导学生形成积极正确的思想价值观念和高尚的道德品质。高校应注重"三者一人"的师资队伍建设，以此为高校思想政治工作的有序进行提供支持。

（四）时刻牢记"三传播，三塑造"

习近平对高校教师"三传播，三塑造"的职责也做出了深入论述。2018 年 9 月 10 日，习近平总书记在全国教育大会上发表重要讲话时指出："教师是人类灵魂的工程师，是人类文明的传承者，承载着传播知识、传播思想、传播真理，塑造灵魂、塑造生命、塑造新人的时代重任。"[①] 高校教师应明确：高等教育对象是有思想、有情感的青年高校学生，有自己的多元思维与个性特点，因此，教育不仅要从经验传授、技能教导入手，而且要通过提高学生的文化素养，规范学生的言行举止，塑造学生内在的灵魂与思想，促进学生在德、智、体、美、劳等方面均衡发展。跨入新世纪，国家与社会对高等教育提出了新的要求，高校教师队伍只有牢记并做到"三传播，三塑造"，才能为国家与社会培养出更多有责任心、有担当、有能力的时代新人。

第二节　高校师资队伍建设管理的意义

某件事存在的价值与作用就是其存在的意义。高校建设和管理教师队伍的

---

① 吴晶，胡浩 . 习近平在全国教育大会上强调 坚持中国特色社会主义教育发展道路 培养德智体美劳全面发展的社会主义建设者和接班人 习近平代表党中央向全国广大教师和教育工作者致以节日的热烈祝贺和诚挚问候 李克强讲话 汪洋王沪宁赵乐际韩正出席 [J]. 中国大学生就业，2018（21）：4-6.

重要意义在于：建设高校教师队伍具有较大的社会影响与时代价值，对高校建设、发展教育事业以及发展和延续人类文明具有深远而重大的价值与作用。

一、助力高校建设

教育是国家的根本大计，能为国家创新发展提供有力支持，对国家文化软实力与国际地位的提升都具有重要意义，更为中华民族永久屹立于世界文化之林提供重要保障。作为人口大国，我国需要通过教育教导国民，向国民传授专业的知识经验与专业技能，同时提升国民素质，引导国民建设社会与国家，推动我国从"人口大国"向"人口强国"迅速转型。教育有助于我国更充分地发挥人力资源优势，在国际中处于主动的战略地位。

高校作为人才培养的大本营，担负着为国家发展、社会建设、经济发展输送高质量人才的重任。高校教师队伍是具有高学识、高学历的群体，他们的教学水平对人才培养质量有直接的影响，因此高校师资队伍建设成为高校建设的重要内容，而加强高校师资队伍的管理与建设，有助于创造更多优秀的科研成果，培养出更多优秀的青年人才，从而推动高等教育更好地发展。正如2018年5月3日习近平在北京大学师生座谈上指出的："建设政治素质过硬、业务能力精湛、育人水平高超的高素质教师队伍是大学建设的基础性工作。"[①]

一所高校只有首先具备一流的师资，才能培养出高质量、高素质的一流人才。建设"双一流"高等教育的一个目标就是打造世界闻名的一流高校。一流高校不仅要具备充分的硬件基础，如优良的科研设备、完备的现代化教学设施以及和谐的校园环境等，而且要具备优秀的软件基础，如组建专业化的科研团队，高素质、高水平的教师队伍等。在"软""硬"结合的情况下，用坚实可靠的软硬件基础支持上层建筑，从而建设有特色、有实力的高等学府。我国国务院在2015年10月24日印发了《统筹推进世界一流大学和一流学科建设总体方案》（国发〔2015〕64号），该文件提出了我国高等教育领域发展的又一项重大战略，即建设世界一流高校和一流学科，目的是推动我国成为高等教育强国。建设"双一流"高校需要完成五项任务，其中首要任务是"建设一流师资队伍"。组建高水平、高质量、高素质的师资队伍能为世界"双一流"高

---

① 习近平. 在北京大学师生座谈会上的讲话 [M]. 北京：人民出版社，2018：8.

校的建设提供重要支持，由此足以看出建设高校师资队伍的重要性。

二、助推教育事业发展

受办学条件差异与地区差异等条件影响，高校在教师待遇、教师管理方面没有形成统一的标准。在国内外教育形势不断变化且无法预测的情况下，加强并重视建设和管理高校师资队伍，进一步推进教育改革，才能让我国的教育事业更上层楼。

高等教育自古延续至今，已有千年历史，而高校作为高等教育组织开展的场所，无论社会发生怎样的变化，始终充当着"学问之府"的角色，承担着加工、保存、传播、传承思想、文化、知识、经验的责任。高等教育的本质可以通过知识活动过程与结果的学术性体现出来。高校作为知识中心，为知识经济的发展提供了源源不断的动力，逐渐成为深刻影响国家未来发展的决定性因素之一。高校教师是知识的拥有者与传播者。在某种意义上，以教师为主的人才创造、传播、应用知识的过程就是高校发展的过程。没有教师，高校将不具备价值；没有高水平、高质量的教师，高校将无法充分发挥其人才培养与知识创造、传播的功能。

（一）满足知识创新的需要

随着知识经济时代的到来，创新的重要性得到人们的广泛重视。创新是民族振兴和国家兴旺发展的重要动力。在这样的时代新背景下，拥有信息、创造性思维、技术、创造能力和知识的人才已成为能够影响整个社会发展与经济增长的战略资本。无论任何国家，凭借强大的知识创新能力，都可以在国际竞争中占据优势地位。要增强知识创新能力，首先，要在数量上给予保障，当具备知识创新基本素质的人才足够多的时候，就能够为形成强大的知识创新能力提供数量保障；其次，要着眼于质量的突破，培养部分人形成良好的知识创新能力，以部分带动整体，就可以实现知识创新能力的整体提升。高等教育大众化的发展推进，可以为国家知识创新能力的整体提升提供数量保障；国家制定并推行人才强国战略与科教兴国战略，则可以在质量上保障国家整体知识创新能力水平的有效提升。

国家的创新能力可分成知识创新能力与技术创新能力。人才是创新的必备基础，良好的教育是培养人才的重要途径。高等教育一方面要承担为国家发展、社会建设培养高级专门人才的职责，另一方面要肩负服务社会和知识与技术创新的重要任务。高校是完成高等教育的重要场所，高校凭借大量的人才与知识储备和多学科综合优势，成为科技成果产业化的重要基地与知识、技术创新中心，对社会进步与经济发展起到了不可忽视的推动作用。高校以培养人才和传授知识为历史使命，以创造包括智慧、知识、创新能力、实践能力、创业精神在内的智力资本为更艰巨、更重要的新时代使命。高校应重视传统知识传授模式向创新教育模式的转变，不仅要培养学生良好的认知能力，而且要引导学生形成良好的知识应用能力、知识创新能力与实践能力，将学生培养成具备创新能力和创业精神的高素质、高层次人才。

（二）满足知识共享的需要

知识是知识经济时代的主要财富。很多衡量国家综合竞争力的指标都与知识密切相关，掌握了知识，就掌握了经济发展的命脉。然而，真正拥有知识的人还在少数，大部分人所获取和拥有的知识都十分有限，只有改善这一点，才能从整体上提升社会乃至国家的竞争能力。掌握知识的人越多，社会越具有活力，越能够快速发展，进而为中华民族在世界民族之林的长久屹立提供保障。对于国家来说，传播、共享知识最主要、最传统的方法就是开展高等教育——通过高校教师组织开展知识活动来实现。精英教育虽然是传统高等教育的一种形式，但能享受精英教育的只有少部分人。知识经济时代的到来，为知识、文化、经验在全社会中的传播与共享提供了有利条件，使人人都有机会享受精英化高等教育成为可能，推动了传统精英教育的改革与高等教育大众化发展。

（三）建设和管理高校师资队伍的需要

在21世纪，进入知识经济时代后，中国高等教育必须直面高等教育大众化的新趋势，而高等教育大众化发展在质量、能力、数量、素质、水平、结构等方面对高校教师队伍建设提出了一系列新要求。高校师资队伍建设一直保持与高等教育同步发展，知识经济时代到来后，不仅高等教育进入大众化阶段，高校教师队伍建设与管理也进入新的发展阶段，新发展阶段要求高校教师队伍积极寻找和尝试更有效的新管理方法，及时对传统管理方式进行调整和改革。高校作为生产、传播、应用知识的综合载体，在知识社会充当重要角色，成为创新科学知识、培养高层次创新人才的重要基地。因此，结合高等教育大众化发展与高校教师队伍建设需要，找出一种能适应高等教育在知识经济时代发展要求的高校教师队伍管理新模式，对高等教育的发展和我国教育事业的发展有着重要的意义和作用。

三、传承人类文明

2014 年 3 月 27 日，习近平主席在联合国教科文组织总部发表演讲时指出："我们要积极发展教育事业，通过普及教育，启迪心智，传承知识，陶冶情操，使人们在持续的格物致知中更好认识各种文明的价值，让教育为文明传承和创造服务。"① 在教育事业发展过程中，建设与管理高校教师队伍作为其中的关键环节，其加强有利于为社会培养大量具有较高文化修养、知识涵养与素质能力水平的优秀教师。在教书育人过程中，广大教师不仅向学生传播了自古至今沉淀下来的知识、文化、经验，推动了人类璀璨文明的延续，而且在科研过程中不断探索人类文明，使人类文明日趋丰富，这对文明创造、美好和谐的人类社会的构建具有重要意义。

第三节　高校师资队伍建设的理论基础

一、马克思主义关于人的全面发展的理论

人的全面发展理论与全面提高个人能力和素质的发展理论、全面丰富的发展个体社会关系的理论以及全面符合人的个性发展的理论密切相关。马克思主义理论将人的全面、自由发展作为最高价值目标，并自始至终对此做出强调。"人的全面发展学说是马克思主义的最高命题和根本价值"，并"为人类社会的发展描绘了终极的景象。"② 马克思认为："任何人如果不同时为了自己的某种

---

① 习近平 . 文明交流互鉴是推动人类文明进步和世界和平发展的重要动力 [J]. 奋斗,2019(9)：1—7.

② 俞可平 . 人的全面发展：马克思主义的最高命题和根本价值 [J]. 马克思主义与现实,2001（5 ）：28—29.

需要和为了这种需要的器官而做事，他就什么也不能做。"① 马克思主义关于人的全面发展理论为高校教师队伍建设管理工作规定了发展要求与目标取向，成为该领域重要的理论依据。

（一）立足人的需要和劳动能力的发展视角

恩格斯认为人有生存、享受与发展三个方面的需要，并指出："他们的需要即他们的本性。"② 人类的需要引发人类的生产活动。人的发展需要以人的生存需要为基础和前提。人类活动的本质是劳动，在劳动过程中，人的需求会随着人的发展和社会进步不断改变。在资本主义私有制条件下，人类的劳动在一定程度上发生了异化，成为人类维持生存的手段。人的发展需要是升华了的人的生存需要。在人的活动发展过程中，共产主义社会为异化劳动转变为自由劳动奠定了基础。"劳动已经不仅仅是谋生的手段，而且本身成了生活的第一需要之后……而集体财富的一切源泉都充分涌流之后……社会才能在自己的旗帜上写上：各尽所能，按需分配！"③ 新的观念和交往方式，使劳动者改变并产生新的品质。劳动会成为"人的本质力量的充分展示"④。由此可见，随着社会历史的不断发展，人类实现了自身能力的多方面进步。

（二）立足人的个性发展和社会关系发展关系视角

在日常生活中，人得到了自由、全面的发展后，能够自主支配自己参与的活动，并在活动中获得主人翁的感受，从而对劳动产生热情，调动更多的创造力与内驱力完成活动。与此同时，人在这样的活动过程中会得到更加全面、自由的发展。人是社会的人，人的个性发展、能力提升、需要变化与社会活动息息相关。马克思说："人的本质，并不是单个人所固有的抽象物，在其现实性

---

① 中共中央马克思恩格斯列宁斯大林著作编译局. 马克思恩格斯选集：第 3 卷 [M]. 北京：人民出版社，1995：286.

② 中共中央马克思恩格斯列宁斯大林著作编译局. 马克思恩格斯选集：第 1 卷 [M]. 北京：人民出版社，1995：243.

③ 中共中央马克思恩格斯列宁斯大林著作编译局. 马克思恩格斯选集：第 3 卷 [M]. 北京：人民出版社，1995：305.

④ 中共中央马克思恩格斯列宁斯大林著作编译局. 马克思恩格斯全集：第 42 卷 [M]. 北京：人民出版社，1979：125.

上，它是一切社会关系的总和。"①人的全面发展、人的自由个性只有到了"外部世界对个人才能的实际发展所起的推动作用为个人本身所驾驭"②时，才能真正实现。

马克思在社会关系的发展基础上，认为人的发展可分成依赖人、依赖物、依赖能力三个阶段，反映的是人的社会关系的发展变化。在人类社会发展初期，社会关系远不如现在复杂，人的发展自然达不到全面的程度。虽然资本主义社会有非常丰富的社会关系，但片面、异化的社会关系并不利于人的自由、全面发展；而在共产主义中，劳动仅作为满足需要的活动，不再成为人们的负担。这种以需要为前提的劳动使社会关系得以极大地丰富，推动了人自由、全面发展的实现。只有在共产主义社会中，全体社会成员才能得到全面、共同的发展，同时有效避免阶级、少数人的片面发展。在《共产党宣言中》，马克思、恩格斯明确提出："代替那存在着阶级和阶级对立的资产阶级旧社会的，将是这样一个联合体，在那里，每个人的自由发展是一切人的自由发展的条件。"③人的全面发展理论为高校教师队伍建设价值追求的确立以及以人为本和系统思考理念的形成提供了理论依据。邓小平同志说："革命是物质利益的基础上产生的，如果只讲牺牲精神，不讲物质利益，那就是唯心论。"④高校组建教师队伍的终极目标在实质上与推动人自由、全面发展相一致，要求高校在选拔、培育、任用等各方面、各环节中都确保把教师队伍建设工作做好、做实，充分调动教师在教学工作中的主动性、积极性与创造性,组建育人水平高超、业务能力精湛、政治素质过硬的高素质、高层次的高校教师队伍。

高校必须坚持马克思关于人的全面发展理论的指导，以促进教师全面发展为切入点，改善与加强高校建设和管理教师队伍的工作。人具有多样的素质与能力，人全面发展和提升其素质与能力，从实质上看是"人的才能的全面发展，

---

① 中共中央马克思恩格斯列宁斯大林著作编译局. 马克思恩格斯选集：第 1 卷 [M]. 北京：人民出版社，2012：135.

② 中共中央马克思恩格斯列宁斯大林著作编译局. 马克思恩格斯全集：第 3 卷 [M]. 北京：人民出版社，1972：330.

③ 中共中央马克思恩格斯列宁斯大林著作编译局. 马克思恩格斯全集：第 1 卷 [M]. 北京：人民出版社，1995：295.

④ 邓小平. 邓小平文选：第二卷 [M]. 北京：人民出版社，1994：146.

包括人的体力、智力、自然力和社会力等最大限度的发挥。"[1] 教师的素质与能力会在较大程度上影响学生素质与能力的养成。保证高校建设和管理教师队伍的各项政策措施的精准落实，是从整体上提升教师素质与能力的一项大工程。

二、战略人力资源管理理论

1981 年德瓦纳（Devanna）、丰布兰（Formbrum）和蒂奇（Tichy）的《人力资源管理：一种战略观点》一文的发表是战略人力资源管理（Strategic Human Resource Management，SHRM）产生的标志。Wright 和 MeMahan 在 1992 年将"战略人力资源管理"定义为，企业为实现目标所进行和采取的一系列有计划、具有战略性意义的人力资源部属和管理行为。[2] 这一定义包含了四个层面的含义：一是人力资源的战略性。所谓战略人力资源，是指具有某些或某种特别知识（能力和技能），或者拥有某些核心知识或关键技能，处于企业经营管理系统的重要或关键岗位上的人力资源。二是人力资源管理的系统性。企业为了获得可持续竞争优势而部署的人力资源管理政策、实践以及方法、手段等构成一种战略系统。三是人力资源管理的战略性。它指纵向契合——人力资源管理要与企业的战略相契合，以及横向契合——人力资源管理系统各组成部分成要素相互之间的契合。四是人力资源管理的目标导向性。战略人力资源管理通过组织建构将人力资源管理置于组织经营系统，促进组织绩效最大化。[3]

（一）战略人力资源管理的主要特点

1. 以"人"为中心

就战略人力资源管理而言，"人"是资本，是核心，战略人力资源管理就是对"人"进行一种心理上的、动态的开发与调节，是以"人"为出发点的"服务中心"。战略人力资源管理的目的在于从系统上优化人与事，为企业争取最

① 中共中央马克思恩格斯列宁斯大林著作编译局.马克思恩格斯全集：第 3 卷 [M].北京：人民出版社，1995：330.

② WRIGHT P M，SNELL S A.Toward a Unifying Theory for Exploring Fit and Flexibility in Strategic Human Resource Management[J].Academy of Management Review，1998（23）：756-772.

③ 叶龙，郭名，王蕊.人力资源开发与管理 [M].2 版.北京：清华大学出版社，2014：36-46.

大化社会效益与经济效益。就非战略人力资源管理而言，"事"是中心，"人"是成本，是"工具"。非战略人力资源管理强调在单一方面对"事"进行静态管理和控制，是以"控制人"为管理目的和管理方式的"权力中心"。

2. 占据企业部门核心地位

战略人力资源管理不仅是企业经营战略的重要内容，还是企业的核心部门，它以推动企业长期可持续发展为目的。战略人力资源管理不仅服务于企业的经营战略，而且在企业文化建设、组织建设、系统建设的方方面面发挥着重要作用。它通过企业文化对企业的系统、组织与战略进行整合，保证执行和实现企业战略，为企业的长期稳定发展与效益持续增长提供支持。

3. 具有较高灵活度

战略人力资源管理科结合企业的实际情况、国家及地方的制度、人事规定等，灵活地制定与企业发展需求相符合的各种人力资源政策，建设并完善人力资源管理体系，为企业实现经营战略目标提供保障与支持。非战略人力资源管理侧重于制度的执行，即依据上级主管部门制定的劳动人事管理规定、国家发布的劳动人事政策、企业制定的人事管理制度进行管理。

4. 具有主动性和全面性

战略人力资源管理要求人力资源管理者以企业长期可持续发展为出发点，站在企业战略的高度，对人力资源现状进行主动诊断和分析，以及时、准确地为决策者提供人力资源方面的各种有价值的数据，协助决策者制订和落实详尽而具体的人力资源行动计划，为企业执行与实现战略目标提供支持。非战略人力资源管理则只能站在部门发展的角度，对人事事务及其相关工作的合规性、规范性做出强调，仅用于传达决策者的战略目标等信息。

（二）战略人力资源管理模型

战略人力资源管理模型包括四个层次：第一层是企业开放的外部环境，对企业人力资源环境有决定性影响，对企业战略的制定也有很大影响；第二层是公司战略层面，决定了企业直接参与市场竞争的方式，是企业目标的制定层面；第三层包括企业领导、企业结构、企业文化、企业人员，能支持企业战略的实施，对企业战略实施结果是否成功具有决定性影响，是企业的关键部分之一；第四层是传统人力资源管理工作的重点区域，是具体的人力资源战略层，要求企业内部各部门人员相互配合。这四个层次以企业目标为轴心，相互配合，共同发挥作用，推进企业目标的实现。在实现企业发展目标的过程中，无论哪一层次的缺失都会导致企业战略无法顺利实施、企业目标无法实现。从战略人力资源模型可以看出，战略人力资源管理理论是建立在企业管理的具体特点这一基础上的，这四个层次涵盖了开发、招聘、考核、薪酬四个方面的内容。本书结合高校教育活动的特点与教师队伍分类管理的具体情况，进一步重构与解构了这四个层次的内容，将高校教师队伍分类管理解构为分类调配、分类考核、分类聘任、分类薪酬、分类推出、分类培训六个方面的核心内容，并进行细致的分析。

三、教师生涯发展理论

教师生涯发展是对教师专业发展做出的纵向解读，是指教师的职业能力、职称、素质与成就等随时间迁移发生变化的过程和教师的心理及其体验发展变化的过程。教师生涯发展理论可分为四种理论派别：教师生涯阶段理论、教师生涯实现理论、教师生涯发展周期理论、教师生涯循环论。

（一）教师生涯阶段理论

该理论以多个方面为切入点，将教师生涯发展划分出多种形式。在教师的关注方向上，教师生涯阶段被划分成四个阶段，依次是教学前关注阶段、关注生存阶段、关注教学情境阶段、关注学生阶段。从教师专业成熟的角度看，教师生涯发展的四个阶段，分别是成长期、形成期、专业全能期与成熟期。从教学效能的角度看，教师生涯发展的四个阶段，分别是探索阶段、专业的教学阶段、发明试验阶段、转换阶段。此外，在其他方面，还可以将教师生涯发展划分成前专业阶段、起步阶段、成长为专业工作者阶段、最佳专业水准阶段、自我和专业的再定向阶段、专业再发展阶段、退休前阶段。

（二）教师生涯实现理论

在教师的外显行为与自我作用层面，教师生涯发展可划分为五个阶段，分别是预备生涯阶段、专家生涯阶段、退缩生涯阶段、更新生涯阶段、退出生涯阶段。在教师自我批评反思的作用层面，教师生涯发展也可以划分为五个阶段，即"生存关注"阶段、"非关注"阶段、"任务关注"阶段、"虚拟关注"阶段以及"自我更新关注"阶段；在教师自我反思层面，教师生涯发展可划分为四个阶段，即持续时间不等的学者期、从教时间持续 3～5 年的学徒或熟悉教学阶段、持续时间不等的反思和理论认识期、从教时间持续 6 ～ 7 年的个体经验积累或成长阶段。

（三）教师生涯发展周期理论

在年龄维度上，教师生涯发展周期理论将教师生涯发展划分为三个阶段，分别是职业发展期（20 ～ 40 岁，第一阶段），职业绩效期（41 ～ 55 岁，第二阶段），职业维持期（56 岁至退休，第三阶段）。有学者基于这一划分结果做出了进一步细化，将原本的三个阶段细化为五个阶段：第一阶段为 21 ～ 28 岁，教师在这一阶段步入成年人的世界；第二阶段为 29 ～ 30 岁，教师在这一阶段经历了 30 岁的变迁；第三阶段为 34 ～ 40 岁，教师在这一阶段找到了自我定位；第四阶段为 40 ～ 50 岁；第五阶段为 51 ～ 55 岁。

在教龄维度上，教师生涯发展周期理论将教师生涯发展划分为三个阶段：教龄介于 1 ～ 6 年的初始教学期，教龄介于 7 ～ 15 年的建构安全期，教龄超过 15 年的成熟期。纽曼以 10 年教龄为平均跨度，对教师生涯发展做出了另一种划分方式：教龄处于 1 ～ 10 年为第一阶段，教龄处于 11 ～ 20 年为第二阶段，教龄超过 20 年进入第三个阶段。无论按照年龄维度划分，还是按照教龄维度划分，都是以时间为线索对教师生涯进行划分，对教师专业发展各个阶段不同的特征进行探讨，为培养、培训教师及相关研究的开展奠定了基础。

（四）教师生涯循环论

教师生涯循环论指出教师生涯是一个复杂多变的、动态的过程，将教师生涯发展划分为职前期、职初期、能力建构期、热情与成长期、职业挫折期、职业稳定期、职业消退期和职业离岗期等八个阶段。在每个阶段，教师的成长需求都是不同的，针对教师在不同成长阶段的多元化需求，制定不同的支持系统与相应的激励措施，能有效促进教师在职业生涯中的长远发展。

教师生涯循环论较为关注个人生活环境、组织环境对教师生涯发展的影响，但其落脚点更侧重因素层面与突发、后发时间，相对忽视了能长期、稳定地对教师生涯发展产生影响的因素。

通过分析和考察上述理论，可以发现，教师生涯发展理论对教师生涯的划分和对教师个体的能动性做出了强调，它将教师生涯发展看作教师动态的、主动的发展过程。

从高校教师分类管理研究中引入教师生涯发展理论，可以立足于教师专业发展的角度，促进理论框架研究的进一步深入。在当今教育领域，随着管理科学主义盛行，教育的本质属性被遮挡，各级教育管理者将学校的办学目标、政府评价、绩效等作为管理实践的重点，忽视了在其中起到关键作用的组织成员的实际生活、工作状况等因素。本书力图通过分析教师生涯发展理论，强化高校在研究教师分类管理的过程中对教师的生理特点、心理特点、年龄、教龄等因素的关注，着力于分析高校教师生理与心理随其年龄、教龄的增长发生的动态变化趋势及过程，并将此与高校教师分类管理的各个环节（如分类酬薪、分类调配、分类聘任、分类退出、分类考核、分类培训等）密切结合起来，在明确高校教师生涯发展特征的基础上，对更加科学的高校教师分类管理模式进行探寻。

四、组织变革的阻力理论

美国著名的管理学家斯蒂芬·P.罗宾斯在对组织变革产生阻力的原因进行深入的分析和研究后，提出了组织变革的阻力理论。斯蒂芬认为，个体和组织对于组织变革都会产生阻力。其中，个体对变革的抵制是由于人类本性产生的，主要是由于习惯需要、安全需要、经济因素、对未知的恐惧、组织中员工不欢迎不确定性、选择性信息加工等。[①]组织对变革的抵制是由其本质决定的，因为组织从本质来说是保守的，所以组织会自觉主动地抵制变革。

关于组织对变革的阻力，斯蒂芬认为有五个主要原因：第一个原因是结构惯性。例如，单位在选聘员工时，一般都是选拔符合组织需求的员工，员工入职后，管理者会继续通过培训、指导使员工的行为得到进一步塑造，直到达到组织要求。员工也逐渐适应了这种组织模式，组织也形成了固有的机制，而当组织一旦出现新的变革时，结构惯性会力图回到原有状态而进行反向平衡。第二个原因是有限的变革范围。组织由众多相互依赖的子系统构成，在子系统中进行有限的变革，而其他子系统没有随之变革，那么这个进行变革的子系统可能会因更大系统的问题而趋于失效。因此，高校教师队伍管理一定要对教师队伍的组织结构和配套体系进行变革，从而有效支持转型变革。第三个原因是群

---

① Stephen P.Robbins, Timothy A. Judge.Organizational Behavior[M].Upper Saddle River: Prentice Hall, 2012: 1-8.

体惯性。群体现有的规则和文化会对支持变革的个体进行约束。例如，教师队伍中的部分教师可能乐于接受学校提出的转型变革建议，但是如果其他教师集体抵制转型变革，这部分乐于接受变革的教师有可能也做出抵制。第四个原因是对利益关系的威胁。新的变革会让之前的权力群体认为自身利益会因组织转型受到新的挑战从而产生阻力。第五个原因是对已有的权力关系的威胁。组织转型变革可能会对已经控制了众多资源的群体产生权力分配的威胁，因此这部分群体会自发产生阻力。例如，已经拥有相当话语权和资源的资深教师在面对整个教师队伍转型时，由于他们已经满足于原有状态，因此他们认为转型变革会对未来的权力分配带来威胁和挑战，从而抵制转型变革。

组织变革的阻力理论对抵制组织变革所产生的利弊进行了总结。阻力理论认为，组织及其成员出于本能会抵制变革，对变革的抵制能成为具有功能方面意义的冲突起源。例如，组织成员对组织变革方案的抵制会引发对变革方案优缺点的有益讨论，使方案得到更充分的讨论，从而得到更科学、合理的决策。同时，组织成员对变革方案的抵制也存在阻碍组织进程和适应性的负面效应。

组织变革的阻力理论将变革的阻力从表现形式的角度划分为公开的或者隐蔽的，从表现时间的角度划分为即刻的或者滞后的。一般而言，最容易应对的是公开的阻力和即刻的阻力。例如，学校刚开始实施教师队伍转型变革时，教师会立即对转型做出反应，有的教师积极拥护，但有教师存在消极怠工等举动。相对而言，隐蔽加阻力或滞后的阻力往往更能产生深远的影响力，如教师因为抵制转型对组织的忠诚度降低，试图跳槽到不实施转型的学校或者转型要求不严格的学校去。又如，工作积极性降低、频繁出现教学错误等，这些都是隐秘而微妙的，因此难以识别。而滞后的阻力反应，尤其是从实施变革几个月或一年产生的阻力反应会让管理者意识不到这些阻力反应是由于组织变革引起的。总之，运用组织变革的阻力理论来分析、研究教师队伍转型发展实践中的阻力将能使管理者敏锐地洞悉产生阻力的深层次原因。

五、三阶段变革过程理论

在管理组织变革的理论和方法中，最为著名的是库尔特·卢因的三阶段变革过程理论。三阶段变革过程理论指出，当一个组织进行变革时需要经历解冻、变革和再冻结三个过程。①

　　组织既可以是稳定状态，也可以是一种由状态力量相等的反向力量组成的平衡体。卢因认为，推动组织实施的变革的动因在于"驱动力量"（如竞争压力、组织内部的创造性以及商业运作方面的新立法等）和"抵制力量"（如惯例、贸易联盟的协定及思想观念等）之间的相互作用力；这些存在于组织中的力量都力图抵消其他力量，在力量的博弈中各种力量会随着环境的变化而此消彼长，互为胜负；组织就是在这些力量中寻求平衡，每当组织达到新的平衡状态时，组织就会发生激烈的变革。此外，卢因认为可以把任何组织的变革过程想象成推动目前的平衡状态向人们渴望的状态或者说建立新的平衡状态的转变，并由此提出三阶段组织变革理论，用以解释和指导如何发动、管理和稳定组织变革过程。

　　任何组织的变革都要经历以下三个过程：

　　第一步："解冻"。解冻阶段的任务是发现组织变革的阻力，在克服变革阻力的同时明确组织变革的目标和方向，从而构建组织变革方案。实现组织变革首先要打破处于均衡状态的现状，这种均衡状态的打破要通过"解冻"来解除群体和个体的阻力。"解冻"可以通过增加推动力、减少抑制力以及两种方法合并使用来实施。

　　第二步，变革。变革是根据组织变革方案实施具体的组织变革行动，从而让组织从现有结构模式向目标模式转变。变革阶段可以运用专家指导、树立典型、团体培训等方法让组织成员获得新的概念和信息，从而完成变革。

　　在此阶段树立榜样尤为重要。在变革过程中，要注意沟通方式及协作方式。同时，研究表明，逐步实施变革的组织不如立即行动并快速通过变革阶段的组织变革效果好。

　　第三步，再冻结。个人和组织在组织变革行动发生之后，会基于习惯和惯性力图退回到原有习惯。因此，组织变革后管理者必须采取措施来强化和巩固新的行为方式和组织形态。在旧冻结阶段，管理者要采取强化手段使新的态度与行为固定下来，如制度、政策及流程的方法，使组织变革处于稳定状态。

---

① LEWIN K.Field Theory in Social Science[J].American Catholic Sociological Reriew，1951，12（2）：103.

一旦变革付诸实施，要想取得成功，就需要重新冻结新形势以使它长久保持下去。否则变革的成果就有可能退化消失，而员工也会设法回到以前的均衡状态，那么变革对于组织及其成员的影响将极其短暂。因此，重新冻结的目标就是通过对推动力和抑制力两者进行平衡，使新状况更为稳定，最终实现组织变革的目标。

第四节　互联网时代高校师资管理模式的创新

一、构建国际培养模式

无论是建设创新型国家的战略目标，还是经济的国际化发展，都需要培养熟悉国际管理、具有国际视野的国际化人才。高校是培养高级人才的基地，高校教师队伍是培养高级人才的主体，培养国际型高级人才必然先培养或组建国际化的师资队伍，这既是"人才强国"战略的核心要求，又是其根本保障。推动高等教育的国际化发展，不仅要注重学生在国家之间的流动，还要注重研究人员与教师的互换与交流。培养和组建一支具有国际观念、国际视野、国际意识的，具有跨文化教育背景与国际教育背景的多民族、多元化的，一流的国际化的高校教师队伍，是高校执行和实现战略目标与长远发展的必要战略。因此，我国高校应积极推进教师队伍一流化、国际化进程，构建国际化的人才培养模式。

（一）师资队伍国际化的内涵

师资队伍的国际化包括知识文化结构、人员结构、人员交流结构、学缘结构四个方面的国际化，这四个方面综合起来，就构成了师资队伍的国际化。

知识文化结构国际化指高校具备并运用达到国际化人才标准的知识文化、教育理念、技术方法建设和管理教师队伍。知识文化结构国际化具有开放性、创新性、通用性、交流性等特征。

人员结构国际化指拥有达到国际化标准的师资队伍人员构成，这要求高校在组建教师队伍与招聘、任用管理人员时，不仅要吸纳出身于国内高水平高校的人才，而且能接受来自不同国家、不同地区，具有不同教育背景的高层次人才，可结合专业或学科教学的需要有针对性地选聘本土人才与外来人才。

人员交流结构国际化指高校应按照国际化标准，在质量、数量、布局、层次等方面组织教师及管理人员参与国际交流合作活动。除固定交流合作的一些高校、国家和地区外，高校还应积极拓展渠道更丰富、形式更多元的、范围更广泛、层次更具体的国际化交流对象。

学缘结构国际化指高校应按照国际化标准，在社会实践经历、所学专业、就读院校等方面合理设定教师与管理人员的比例分布结构、层次结构、类型结构。

（二）国内高水平高校师资队伍现行的国际化培养模式

高等教育国际化产生于21世纪现代科技发展与经济全球化的结合，并得到全球各地高校的重视。就高等教育国际化而言，师资队伍国际化是其核心部分，其职责与使命是培养高素质国际人才，这一职责与使命的实现可以从根本上保障我国高等教育的国际化建设，也是世界一流高校的战略目标，是全球各地高等学府的共同追求。"高水平高校"指能创造原创研究成果、拥有高水平师资队伍，能培养出创新型人才的高等学校。"高水平高校"可以代表我国高等教育的最高水平。在我国建设和推动国内高校成为世界一流高等学府的过程中，"高水平高校"发挥着领头羊的作用，可以体现我国国家发展的战略高度与我国高等教育的核心竞争力。

1. 国内高水平高校师资队伍国际化建设取得的成就

（1）我国高水平高等教育学校师资队伍人员结构中具有境外文化背景的教师、外籍专家、学者的比重显著上升。随着我国教育强国战略的执行，我国对外开放的水平进一步扩大，综合国力逐渐增强，社会经济迅猛发展，国内高等教育的国际竞争力与国际影响力与教育强国战略施行之前相比显著提高，吸引了大量在国际上具有影响力的专家、学者与留学归国人员参与我国高水平高等教育院校建设和高层次教育、科研工作中。

（2）高校应鼓励和支持高校教师积极参与国际化活动，与国际上其他国家与地区学术领域的高精尖认识交流，开展项目合作，甚至出国深造。高校应从国际上积极引进高层次的专家、学者；同时，我国政府与高校也应重视对师资力量开发和高层次教师资源的培养机制建设，围绕能力建设这一核心要求，构建完善的教师海外培训体系，为各层次的教师提供出国进修的机会与渠道，通过各高校的留学项目与国家公派留学项目，为教师提供更多海外深造的机会，提高师资队伍的国际化水平。

随着我国高等教育的国际影响力不断提升，我国高水平高校的竞争力、核心凝聚力不断增强，我国高校教师参与国际合作项目、学术交流活动日趋频繁，极大地促进了国内外学术、教育理念等的沟通交流。例如，在东北大学与全球36 个国家的交流合作中，共有 235 所国外的研究机构与高等院校与之有密切的学术交流，东北大学每年从海外聘请 300 多位教授进行交流合作，为校内师资队伍拓展国际化视野和提升专业水平；郑州大学作为首批"国际化示范学院试点单位"之一，与国际多所名校建立了稳定、长期的合作关系，涉及的国家有41 个，高校多达 205 所，在交流合作的过程中，郑州大学陆续开展了 9 个中外合作办学项目，包括在美国开设了孔子学堂，在印度开设了孔子学院等；山东大学经常举办高规格、高水平的国际会议，积极搭建国际化研究平台，与国际名校积极进行项目合作，十分注重师资力量建设，不仅聘请了 100 名外籍教师，而且邀请了超过 10 位国际顶尖级科学家，总的来看，有留学经历的教师在全部专任教师群体中占比已超过一半。此外，武汉地区的高校大多有较高的国际化交流程度和良好的国际声誉，在全球各国的一众科研机构与高等学府中，与之建立良好的交流合作关系的有 45 个国家的 415 所高校。四川大学将高端国际化教育作为校内重要教育模式，在国际上与之建立长期、稳定合作交流关系的国家有 34 个，科研机构与高等学校多达 268 所。在办学过程中，四川大学不断引进国际顶尖人才，其教学评估方式吸收了世界一流高校的办学管理经验，建立了多个国际科研交流中心，十分重视对国际化教育、学术人才的培养。湖南大学与国外建立合作交流关系的科研机构与高校有 160 多所，并在海外建设了学生实习基地，在美国、韩国、加拿大三个国家建设了孔子学院。

2. 高水平国际化高校师资队伍的发展趋势

随着科教兴国与人才强国两大战略的不断深化，在"双一流""985 工程""211工程"等战略项目长期有力的支持下，我国很多高校着力建设高水平国际化师资队伍，并在建设结构、规模、观念、水平上取得了显著成就。然而，为了培养国际一流高校师资队伍，我国高校还需要在培养国际化师资队伍和发展国际化师资教育的道路上立足未来、大力开拓、深入探索、稳步前行。

（1）建设国际化师资队伍的视线焦点从数量逐渐向质量迁移。在培养国际化师资队伍和引进国际人才方面，我国高水平高校已取得了一定成绩。现如今，有很多国外学者在我国多个高校担任专、兼职教授，在高校开展的长、短科研交流与教学活动的数量、频率都有明显提高，但所引进的国际大师级学者与国际顶尖人才数量并不多。对于高校培养高水平、国际化师资队伍来讲，引进人才是一种有效的结晶，不仅可以推动师资队伍结构的优化，而且可以使师资队伍拥有更高的国际化水平，其间，将"引智"放在引进国际化、高质量人才工作的第一位，对提高我国高校师资队伍的国际化水平具有重要且深刻的意义。

高校在建设高水平、国际化师资队伍时，鼓励教师积极参与讲学、合作研究、学术会议和出国访学研修等各种国际学术交流活动，基于教师不同的职业生涯发展阶段需求构建专业化发展体系，组建一支高水平、国际化的高等教育教师队伍。然而，就目前来说，我国高校与世界一流高校的交流合作频率还有待进一步提高，我国应更积极地参与世界一流的学术研究会议。加强教师的专业发展，创建具备创新意识与能力的高等教育教师队伍，不仅可以从根本上提高高校的科研学术水平，而且能从根本上保障我国高校增强与国际的交流与"对话"。

（2）树立国际观念与意识，倡导多民族化、多元化的文化结构。高校建设高水平、国际化教师队伍的直接方式有"培养"与"吸引"两种，这两种方式都具有单向流程，在特定情况下，这种单向的师资队伍建设方式是必要且有效的。虽然单向的师资流动方向具有一定局限性，如一味地学习国外先进的教育方法、理念、学术思想，但构不成平等对话、双向交流的作用机制；索取多、贡献少等，会在一定程度上限制我国高校建设国际化师资队伍。所以，在建设高水平、国际化高校师资队伍时，要做好两个方面：一方面，培养教师形成较强的国际意识与观念，引导教师积极参与各种国际交流合作活动，与国外教育专家、学者建立"对话"的契机；另一方面，培养和加强教师发现问题和提出问题并贡献思想的精神，帮助教师实现自我创新与自我超越。在建设高水平、国际化师资队伍的过程中，高校应尊重不同国家地区、不同民族不同的文化背景，尊重文化差异，认同多民族共存的多元化文化结构，提升教师的外语应用能力和文化素养，引导教师树立正确的国际意识，以包容的心态面对我国与异国他邦的文化差异，在知识交叉互融的基础上，深入接触国际文化，与其他国家和地区进行跨文化交流对话，使师资队伍的跨文化交流水平与国际交流能力切实提升。

（3）深化向国际推广汉语的程度，传播优秀中国文化。国际化就是跨文化、跨国界。其中，跨文化可以从多元语言中体现出来，不同文化之间的交叉碰撞，会构成多元国际文化。工具性是语言的一项特点，语言的向外推广和输出程度可以反映出国家的"硬实力"。同时，语言还代表着一个国家教育的国际化水平。汉语是我国的母语，将汉语推广到国际上，加强汉语的对外传播，同时加强优秀中华民族传统文化、人文与历史文化的对外传播，培养大量汉语推广人才，对提高我国高校的国际化水平，促进教师参与国际交流学习，加强国内外高校及师资队伍的交流合作具有重要意义。另外，向国外推广汉语与传播优秀中国文化，有助于吸引更多外国留学生与专家学者，减轻甚至清除语言障碍，促进我国高校与国外高校顺利开展项目合作、学术探讨和国际交流活动，强化交流双方文化互动，使我国高校国际影响力进一步提高。

（4）加强与周边国内外高校的区域化建设。首先，高校应加强自身与周边其他国内外高校之间的联系，积极开展交流合作，积极开展教师的交换教学，联合周边高校共建资源共享平台，统一本校与周边高校的课程计划、学分转换制度以及教育质量保障体系等，推动高等教育区域合作项目的建设，将全部资源整合起来，用以加速社会服务工作、科研工作、教育教学工作的开展，提升高校的国际知名度。其次，我国高校应加强与周边国家和地区高校之间的交流合作。受多个方面的历史因素的影响，我国的文化与周边国家、地区虽有相似的结构，但仍存在明显差异，这种差异可以通过不同的文化背景、文化的多样性等体现出来。在与周边国家、地区高校合作交流的过程中，我国应构建高等教育区域化建设平台，通过该平台培养具有国际化视野与素质、具有国际化意识的师资队伍，为我国实现高等教育的国际化发展提供推动力量。

为了实现建设世界一流高校的这一战略构想，我国首先要建立高水平高校，利用科研、教学工作领先和政策支持的优势，向世界展示我国高水平高校的"软实力"与"硬实力"，为我国建设高水平、国际化高校师资队伍提供了强有力的支持。与此同时，我国高校在高水平、国际化师资队伍培养建设方面取得的经验，为周边国家与地区的高校培养国际化师资队伍提供宝贵经验。

（三）构建师资队伍的国际化培养模式

1. 培养教师全员国际化理念

在当今国际中，绝大部分高校都秉承国际化的办学理念，越是顶尖的学府，就越立足全球化角度，对全球性问题展开研究，其教育的国际化程度也就越高。在我国众多高校中，北京大学与清华大学有很高的国际化程度，这两所高校立足国际视野，对高等教育的改革及发展趋势的分析与认识更到位，还能在这样较为全面的认识的基础上，对高校的战略目标、发展规划、办学理念做出审视，明确自身在国际高等教育中的地位。清华大学推进建设国际化校园，其经验为国内高校提供了借鉴。培养全员国际化的师资队伍，可从以下两方面着手：

一方面，要将国际化理念推广到国内各大高校，坚持以人为本的师资人才培养理念，坚持实施人才战略，结合高校发展愿景与我国实际情况，培养具有国际意识与国际视野的师资教育人才。在培养教师全员国际化理念的过程中，高校管理者应对高等教育国际化的紧迫性与必要性有清晰的认识，将"引进与培养"并重的方针贯穿于整个培养过程中，对世界高等教育的发展趋势保持密切关注。与此同时，高校还应在领导层达成共识后，进一步深入国际化建设，在全校范围内推广国际化理念，推动国际化办学。

另一方面，从教师自身发展来看，首先，高校应鼓励教师积极与国际顶尖科研机构或高等学府交流合作，将全球共同关注的问题作为重点研究对象，努力提升自身科研教育能力与素质，提高科研作品水平，如论文、科研成果等，提升教师的科研参与度与贡献度；其次，教师应积极参与高校组织的各种国际学术会议，不断丰富自身的阅历与经验；最后，高校应积极举办各种国际化活动，如国际学术交流会议、跨国教学研讨会、跨国合作项目等，邀请享誉国际的知名专家学者和校友前来交流访谈、洽谈合作等。教师可以通过参与高校组织开展的跨国交流合作项目，参与国际交流活动，了解自身在国际中的位置，增强自身的国际影响力，这要求教师精通外语。因此，教师应提升自身外语能力，包括外语阅读能力、交流能力、写作能力、听力能力等，尽可能消除语言沟通上的障碍，实现零距离与其他教师交流研究成果。

2. 加大国际师资人才引进力度，优化师资结构

高校加速推进师资队伍国际化发展、优化师资结构最有效、最直接的方式就是打破传统人才引进的常规，有针对性、有计划性地从国内外聘请国际知名

专家、学者，招揽优秀人才，来校开课讲学、从事教学科研工作。引进具有世界名校教学科研经验和国际化背景的优秀人才，能以其先进的学术理念、丰富的教学科研经验，助推高校师资队伍的国际化建设，提高整体教学团队的科研能力与教学水平，还可以拓宽在校学生的国际化事业，共享国际上优质的高等教育资源。高校在引进国际高级人才的过程中，应结合自身的层次与高质量发展的需求，接受大数据分析结果的科学指导，有目的性、有针对性、有计划地引进人才，避免发生因自身条件不合适导致高层次人才无法与发展平台相适应，从而浪费人力资源。高校应力求打造合理的人员结构，发展具有鲜明特色的学科教学，保证学术方向互补。

3. 注重师资队伍的国际化培养，提高教师学术水平

受某些客观因素影响，一些高校无法聘请到国际一流的教学科研大师，但在实际办学发展过程中，这些学校可以立足于校内人才培养，衔接并平衡自主培养优质人才与引进高水平人才两项工作。目前，国内已具备良好的高水平国际化教学科研类人才培养的能力与条件，培养一般学科带头人，可以将国内作为主阵地，但培养高层次人才，尤其是能主导学科发展潮流的优质人才，应为其提供宽广的学术社交范围和学术视野。为了培养出这类人才，高校可以采取联合培养的方式，将本校教师送到国外一流高校交流深造，或与国外一流高校建立长期、稳定的合作交流，帮助教师在国际学术前沿领域快速成长，将其培养成为具有国际视野的学术大师。在人员选择上，高校可选择派遣青年或中年学术骨干教师出国研修，鼓励和支持这些教师在国际刊物中发表文章以及在国际科学研究机构、学术机构中成长，提高教师的国际化水平与国际学术影响力。与此同时，高校应扩大自身与国外高校的交流，提升自身在国际上的地位和影响力。在人才培养上，遵循"引进"与"培养"并重的原则，通过推动人才"引进来"和"派出去"来强化国际人才交流力度，以此更新师资队伍现有知识和学术理念，实现国内外学术交流信息的有效互换，促进交流双方优势互补，促进整体教学科研水平有效提升，围绕高层次人才这一核心打造出一支有优势、有特色、高水平的教学创新师资队伍，推动整体师资加快向世界一流行列迈进。

二、建立产学研战略联盟

产学研合作是指企业、高校、科研机构三方基于优势互补、共同发展与互

利互惠三项原则，积极开展交流与合作。产学研合作教育指整合科研机构、企业和高校三方所有可用资源，通过结合校内外实践教学与课堂理论教学，为企业发展和社会建设培养其所需要的应用型人才的教育模式。[①]教师是产学研合作中的实施主体，教师队伍的能力与素质深刻影响着应用型人才的培养。随着企业、高校和科研机构三方联合开展的产学研合作不断深入，建设一支适应产学研合作的、具有扎实理论知识与实践经验的教师队伍已经逐渐成为高校在新形势下建设高水平师资队伍的重要内容。

高校、企业、科研机构三方联合形成的产学研战略联盟是达成三方共赢目的的新发展形式，也是促进高校与产业界深入联系和发展的重要途径。产学研三方资源共享是这三方实现其合作目标的重要依托。

人力资源是第一资源。无论是自然资源，还是物质资源，其开发与利用都是有限的，只有人力资源具有再生性，才能自我更新、自我补偿、持续应用。因此，对高校人事管理机制进行改革，努力将高校师资管理机制的壁垒打破，就可以实现产学研师资的全方位发展，从而有效推进教师教育创新改革，促进高等学校的发展。

（一）产学研战略联盟的内涵

J.Hopland 和 R.Nigel 首先提出了战略联盟的概念，随后这一概念引起了产业界与管理界的广泛讨论与重视。[②]战略联盟这一概念被视作 20 世纪末以来最重要的组织创新形式，它指为实现某项目标，两家及以上组织机构将各自的组织形式相互结合起来，充分发挥自身优势建立的同盟关系，这种同盟关系与企业经营过程中发生的收购和合并不同，是一种通过协议约束，实现利益共享、风险共担的合作形式。

产学研合作涉及很多问题，如知识产权归属不明、利益分配不均、风险承担不明确等。为了形成更稳定的产学研合作形式，确保合作各方保持长期、稳定的合作关系，使合作三方共同发展、共同收益，产学研战略联盟由此形成。总的来看，产学研战略联盟是一种为了满足国家创新系统的发展，维持合作各方共生互惠、长期稳定的协作关系而形成的全新的合作形式。

---

① 刘胜建 . 教师在产学研结合中的作用 [J]. 中国高校科技，2011（6）：27-28.

② HAKEN.Information and Self-organization：A Macroscopic Approach to Complex System[J]. Springer Verlag, 1989（12）：11.

产学研战略联盟以攻克复杂的技术难题为目的。为了保持长期、稳定的合作关系，产学研三方既要推动高校转移新技术，又要提升企业竞争力。这种方式能推动人才管理机制的建立和不同层次人才培养工作的顺利进行，有助于实现优势互补，创造长远利益，同时解决将最新创新成果应用到实际中完成检验的问题，并加快科技发展与创新，是一项战略性的组织变革。[1]

随着科技创新日益深化，市场竞争日趋激烈，研发技术的风险与强度也不断增加，企业为了适应新形势的要求，必须创立领先战略规划与建立创新型组织，从而在技术革新潮流中稳定生存下来并不断壮大。这一困境随着产学研战略联盟的出现得以有效解决。产学研战略联盟能够保证科研机构与高校充分利用自身优势资源，与企业加强合作，共同创建技术创新平台，把握前沿科学技术。在产学研合作过程中，企业应将所有可利用的各方资源整合起来，促进知识共享，并最大限度地降低创新风险和研发成本，同时提升企业核心竞争力，使企业研发与转化科技成果的能力持续增强。

产学研战略联盟促进高校在市场竞争中提升研究水平到市场检验的高度。高校参与市场竞争，有助于高校进一步明确自身的教学目标，对自身教学质量有客观、全面的了解，从而使其服务社会的功能得以强化，提升高校办学水平与科研教育水平。这不仅有助于推动高校从研究型转向创业型，而且有助于创新型、应用型人才培养的完善与实现。

在国家层面上，我国财政部、科技部等多部门在2008年联合发布了《关于推动产业技术创新战略联盟构建的指导意见》，该文件要求构建产业技术创新战略联盟，明确了由企业、高校和科研机构三方构建的战略联盟，要求在高校理论研究、企业技术发展以及科研机构的成果转化的基础上，实现产业技术创新能力有效提高的这一目标，其间主要通过具备法律约束力的契约来明确责任与风险的分配和保证知识产权有明确的归属，避免市场中其他组织机构剽窃知识成果，同时形成优势互补的联合开发创新合作组织。为了维护三方之间长期、稳定的合作关系，还应实现风险共担、利益共享。

综合以上在不同视角上对产学研战略联盟的认识与了解，产学研战略联盟

---

[1] SCHACHER W, AKEN H.Intentionality in non-equilibrium systems? The functional aspects of self- organized pattern formation[J].New Ideas in Psychology, 2007（1）: 2-16.

指的是企业、高校与科研机构为了实现加快科技研发创新、科研技术成果转化和共同获益的目标，联盟三方充分发挥自身优势，立足三方的共同利益，遵循利益共享、风险共担原则，在有法律效力的协议或契约等的保障下，实现资源共享的一种合作形式。

（二）产学研战略联盟的特点

1. 战略性的联盟

由于产学研战略联盟是具有一定行业联系的企业、高校和科研机构三方，为构建合作联盟来突破传统形式而形成的，所以这种合作方式更加持久和深入。在国家科技创新过程中，产学研战略联盟应发挥一定的作用。产学研三方可以整合并优化技术优势、物质资源优势、人员优势，能够有效提升产学研战略联盟解决关键性项目、重大课题的能力。为了满足建设创新型国家的现实需要，教育部科学技术委员会设立了战略研究重大专项，即推动产学研战略联盟在新形势下的发展与创新研究。这些方面共同造就了具有战略性特点的产学研战略联盟，其系统性、战略性的目标导向，为创新型国家的建设铺开了一条战略路径。

2. 多样化的联盟形式

随着科研技术创新的开展程度不断深入，各层面对产学研战略联盟的重视程度日益加深，其建立形式也越来越多样化。现行的联盟建立形式主要有四种：一是产学研各方依托区域和行业内的重大项目进行联合攻关，共同攻克核心技术与关键技术，从而促进高新技术产业、支柱产业与新兴战略性产业的发展；二是产学研三方联合开发具有使用价值的新技术，建立成果孵化基地、虚拟创新网络平台、区域研发中心、行业创新平台等，推动科技成果产业化，形成为社会提供知识技术科研服务的创新研发平台；三是产学研各方联合建立股权式的创新型科技企业，这是一种符合市场改革新方向的联盟形式，在发展多年后，形成了众多产业集群与科技园区，有助于产业国际竞争力与高校知名度的提升；四是联盟成员共同建设创新型人才培养基地，不断提高高层次创新人才的素质与能力水平。

3. 稳定的组织形式

在产学研合作的发展过程中，虽然会产生很多问题，但也会促进这方面法律的完善和发展。只有在契约与法律的约束和规范下，产学研战略联盟才能形成十分稳定的组织形式。在我国，产学研合作主要使用了契约型的法律约束方式，合作各方之间签订的协议或合同成为约束联盟成员的法律纽带。为了使各主体的责权得到保障，避免发生知识产权纠纷等问题，应在约束中明确各成员的最终产权归属、风险承担、利益分配等事项，以保证合理分配联盟成果，形成高效的组织管理模式。

4. 利益与风险并存

产学研战略联盟的组织形式能够优化各成员间资源配置，有效降低交易成本并提高创新效率，同时，这一组织形式要求成员共担风险、利益共享，这也是它的本质特征。在科研创新运用过程中，产学研战略联盟必然会遇到某种技术风险。例如，技术创新作为一种高成本、高风险的复杂工程，当科技成果不被市场接受就会产生成本、人力与物力方面的损失；在市场推广与科研过程中，无论是人员管理还是技术管理，都存在一定风险，一旦管理不善发生关键人员推出或泄露技术机密的事件，将会导致整个工程前功尽弃，产生严重损失；如果政府与社会对其科研创新成果不信任，就会产生信任风险；如果不能明确知识产权的最后归属，就可能产生知识产权风险；等等。

然而，产学研战略联盟在合作三方优势互补的前提下，使知识产权归属、技术、管理等方面的问题与风险得到了合理解决。三方应共同推动产学研合作目标尽快实现。在技术转化成果通过市场验证后，合作三方虽然仍要承担风险，但是可以获得一定回报（如经济效益、人才培养结果、科研成果等），这些回报在合作关系中可以发挥出正反馈的作用，不仅能维持联盟成员继续进行良好、稳定的合作，还能使联盟成员能凭借之前积累的经验更好地面对未来的科研技术创新。在产学研三方合作一段时间后，会形成有效的组织与管理模式，使合作三方以和谐的配合取得持续性的发展动力，同时获得长久的经济回报，而这种良性的合作关系和良好的合作结果会加快科技成果的转化，有利于科技研发成本的降低与创新型人才的培养，进而推动产学研战略联盟组织形成创新文化，实现三方共赢。与此同时，知识产权转化的技术成果与专利和联盟创造的利润，都是属于联盟宝贵的资源财富。

5. 广泛的合作边界

产学研战略联盟为了发展自身应积极尝试开拓多元的资金来源，包括地方政府的配套经费、社会基金投入、政府的专项经费、联合申请基金项目、企业的研究经费等。随着联盟成员之间的合作日益深入和合作关系日益密切，合作范围不断扩大，会迎来更多元的资金主体参与者，涉及更多的组织结构类型。这样合作的好处是会相继出现各种合作项目，如共建研究机构、共建研发实体、共建高校科技园等。

随着不同学科的不断融合和交叉，产学研三方逐渐开拓出越来越广泛的合作内容，产业链与学科链的结合更加复杂、紧密。随着民营经济快速发展，涌现出一大批联盟共同体，产学研合作的壁垒与边界不断消解。在很多产业与学科中，产学研战略联盟进一步扩充了合作内容，推动资源、信息、人才形成网络式发展，研究范围也更广泛。

6. 互补的资源优势

协同学理论认为，在一个系统中，各个主体之间的协同作用决定了系统整体功能和结构的有序性，对系统的有序运行具有关键性影响。科研机构、企业、高校三方达成联盟，将各自的优势资源整合起来，发挥各自的能力，共同进行技术开发的协同创新活动就是实现产学研战略联盟这一系统有序运行的关键。首先，高校拥有高水平的人才队伍和深厚的理论研究基础，其作为专门从事教育的机构，拥有先进的科研设备和大量具有较强科研能力的高学术水平人员，是创新知识技术与培养高水平人才的第一基地。其次，企业作为生产者，承担转化科技成果的重要任务，同时为了生存与发展开展相应的生产销售活动。此外，企业还作为科技创新结果的应用者，兼具推动科技成果商业化和产业化的能力。最后，科研机构作为企业生产产品的技术支持者与资源研发者，作为产业共性技术研究和应用性基础研究的基地，是能有效结合科技应用与科学理论的重要组织。

企业、科研机构、高校三方都拥有雄厚的资金、良好的实验环境、强大的研发优势与庞大的人力资源，能够形成供应链型战略联盟以增强自身竞争实力、提升自身创新效率，实现资源优势的融合互补。战略联盟合作三方的核心竞争力各不相同，彼此之间有明确分工，相互关联、相互协作，聚合成创新共生体，可以将各自竞争优势最大限度地发挥出来。

（三）产学研战略联盟的要素构成

1. 主体要素

当产学研合作发展到一定阶段后，就会形成产学研战略联盟这一高级组织，高校、企业与科研机构是该组织将科学技术成果转化为生产力的主体要素。企业、高校与科研机构作为产学研结合中必不可少的三类主体，各自扮演不同的角色：企业是技术创新的主力军、科技成果的生产者以及推动科学技术向生产力转化的实现者；高校是人才的主要输出方和创新技术与知识的来源；科研机构是实现科学技术向生产力转化的创造者。三类主体具有不同目标：企业以生产盈利为目的，高校以人才培养为目的，科研机构以技术转化为目的。因此，需要政府承担沟通、推动、监督的角色。政府是除高校、企业以及科研机构三方之外的产学研结合的又一主体要素。

（1）高校与科研机构。这两个主体要素作为知识创新的核心，对产学研战略联盟的形成与持续运作具有创新支撑的作用。只有通过市场才能对行业的理论研究与高校的基础研究进行实际检验，这需要转化创新成果和投入资金。在知识创新方面，高校教师往往有前瞻性研究，同时高校与科研机构提供的人才优势与技术环境支撑，为创建高水平的师资和科研队伍提供了良好的条件，在创新成果与知识储备两个方面为战略联盟的长期、有序发展奠定了基础，为国内外企业提供了形式多样的技术服务。

（2）企业。加入产学研战略联盟能向企业提供充分的人力资源与创新知识技术资源，有利于企业吸引优秀资源，降低研发成本，更好地开展生产销售工作，满足市场需求，同时有效提升企业自身的市场竞争力。有很多国内外知名企业加入了产学研战略联盟平台，发展出新的创新力量。这些企业基于对市场的深入了解，整合自身信息资源，开创研发项目，寻找合适的合作对象，共建创新技术转化平台。随着科技成果成功进入市场，这些联盟成员将合理分配利润，与合作对象共同建设人才培养基地和研究机构，使企业自身的市场竞争力快速提升，获得最大化的经济效益。

（3）政府和其他机构。在产学研战略联盟中，政府、信息机构、金融公司等其他组织也是必不可少的，这些组织在联盟外围为联盟成员提供风险投资、信息服务、政策导向以及资金支持等。在创新型国家建设发展战略中，由政府提供行政服务、信息服务、配套服务等，建设融资渠道,制定税收减免、优惠政策，激励和促进联盟成员之间更好地合作。中介机构则发挥转化与扩散知识的作用，联合金融、信息等方面的机构，共同寻找相应的资源和项目进行风险投资，解决产学研联盟的融资与创新问题。

2. 环境要素

产学研战略联盟环境要素包括内部环境与外部环境两种。

（1）内部环境。企业、高校、科研机构三方之间在内部相互作用的环境就是内部环境。产学研战略联盟成员彼此之间的文化背景与预期目标各不相同，各方都有自己的组织文化、技术创新机制和资源环境，这些要素在联盟内部的相互交融作用共同构成了内部的合作环境。

（2）外部环境。全球经济发展形式、社会化创新机制等都是形成和作用于系统外部大环境的要素，它们从外部对组织的创新活动产生影响。企业会时刻关注政府的政策引导，并跟随引导转变自身的投资目标，国家也会通过转变制度环境吸收和留住更多优秀的科技人才。就产学研战略而言，健全的法律制度、高新技术的发展都是推动其稳定发展的外界因素。此外，技术发展程度、经济发展程度、社会教育等都属于外部环境的组成要素。

3. 资源要素

产学研战略联盟是企业、高校、科研机构三方充分发挥自身竞争优势、整合各种现有资源的创新组织形式。为了维持该组织形式稳定、有序地运行，需要合理利用创新平台中的资金和信息资源、知识和技术资源、人力资源、政策资源、设施资源等各类公共资源。组织结构的管理者应对这些资源要素进行合理分析与整合优化，充分发挥其作用，使合作平台的效益与效率有效提高。

资金与信息资源涉及企业研发投入、银行贷款、政府项目款项、重大项目资金以及风险投资。其中，信息资源包括市场信息、人才信息与技术发展信息等。人力资源包括所有从事和参与科技研发创新工作的人员，如课题组成员、科研教师、团队成员以及企业中的生产者、技术创新人员、服务人员。知识和技术资源包括为了研究共同科技的文献、图书、技术网络资源、专利、数据库、研究人员的知识结构、期刊、技术方法、已研发的成果和经验等。政策资源指政府部门及相关机构向联盟开展技术创新合作提供的引导性规章、政策支持与政策信息等。设施资源指形成产学研合作的各类研究实体，包括联盟成员提供的计算机、办公系统、设备、内部网络资源、仪器、管理系统与电子平台等。

（四）产学研师资发展战略联盟的构建

在产学研战略联盟共同建设师资队伍的初始阶段，主要内容是企业、高校、科研机构为实现组织目标做出战略选择。为了做出战略选择、达成战略一致、实现这一目标，我们需要从以下四个方面来努力。

1. 协调一致的发展目标

为了实现产学研师资发展的一致战略，首先要达到统一的战略目标，通过产学研合作各方相互磋商，共同达成一致的目标愿景。在产学研师资发展过程中，高校以提升教师的科研能力和实践能力为目标。高校师资发展以落实对优秀人才的培养为落脚点。企业、高校、科研机构是不同的组织，有各自不同的组织目标，在产学研合作中，其他两个组织不会为高校完成其师资发展目标投入很多精力，但产学研三方都会在自身人才培养方面达成一致的发展目标，并做出实质上的努力来实现这一目标。

高校以科学研究和人才培养为主要职能，这两项职能的最终目的都是服务社会。在产学研战略合作过程中，高校培养的主要是能够适应社会发展、满足社会需要的应用型人才，这不仅在理论层面上对高校师资发展提出了要求，而且要求教师积累更丰富的实践经验。高校与科研机构、企业联合起来，在充分了解市场变化与社会需求的情况下，有利于教师积累大量科研、生产等方面的经验，推动学校对满足社会发展需求的应用型人才的培养。虽然企业及时关注社会动态，对社会与市场的各种需求也有准确的分析和了解，但其与科研机构和高校相比，科研能力稍显不足。为了提升自身在市场上的核心竞争力，企业应加强自身与科研机构和高校的合作。所以，在服务社会和人才培养的理念导航下，产学研战略联盟形成了一致的发展目标。

2. 构建共有的组织文化

组织文化能增强组织的认同感与凝聚力，促进组织间形成良好氛围。在战略协调一致的实现过程中，共有组织文化的建设可以促进组织成员的意识快速统一，共同促进产学研战略联盟的发展。反之，如果没有组织文化的凝聚作用，组织成员不能形成认同感，也不能凝聚起来，散乱无章的组织形式不会发生任何变化，战略统一的目的也无法达到。在文化领域达成共识后，产学研战略联盟内部可以形成师资发展的合理规章制度与文化网络，为联盟战略的顺利实施提供保障。通过构建共有文化，管理者可以组织成员专注于自身建设，同时向更高的目标展开追求，将消极因素的影响消除掉，从而使企业、高校与科研机构三方之间构成的组织关系更加协调，形成三方共有的组织文化，促进三方相互之间的协作沟通，实现三方共赢。

由于企业、高校与科研组织有不同的组织形态，在合作初期，这三类合作主体会在行为方式、价值观念等方面表现出较为明显的差异。但是，经过一段时间的努力构建与培养，经过小团体的意识转换和不同途径的培训与引导后，通过开展文化建设活动，可以推动企业、科研机构、高校三方内部形成文化转换机制，这一机制会向三方灌输和渗透产学研师资发展的社会主义核心价值观，使三方形成一致的组织文化与价值观念。

3. 建立公平的利益分配机制

产学研合作共同建设师资队伍是一种市场化行为。产学研合作三方都想要在长期、稳定合作的基础上获得最大化的利益，然而，利益分配冲突仍可能发生在这三者之间。因此，产学研战略联盟应尽快建立公平、有效的利益分配机制，在合作初期就将利益分配方式、知识产权归属、风险责任、成本承担等问题明确下来，并通过合同或协议的方式清晰列出。三方应在法律的约束与监督下，公平开展战略合作，尽可能细化和明确各个主体应承担的权利、责任与利益，避免造成不必要的矛盾与冲突。这种有效、公平的利益分配制度，能保障组织内部一致发展目标的达成，对组织的长期持续发展具有保障的作用，能为各方权益的正确行使提供保障，同时能激发企业、高校与科研机构三方人员参与合作的动力。

4. 构建畅通的信息沟通机制

从经济学的角度来看，信息资源十分重要。在信息对等时，各组织机构获取并了解了一定的知识信息，同时知道这些信息也被其他组织所了解的，在这种情况下，这些组织相互之间的交流才真正做到了信息公平，合作也会因此顺利进行。信息交流与沟通不仅是企业、高校与科研机构三方开展合作的基础，而且保障了各方清晰认识到彼此合作的目的和意图。

建立畅通的信息沟通机制要求产学研师资发展系统加强内部沟通，同时从外部信息机构获取相关帮助。产学研合作各方应对有具体组织形式的信息沟通予以重视，如安排合作三方的专家互访，加强各方高层领导之间的相互联系，定期举办报告会、学术讲座等。建立网络信息数据库是一种便捷有效的信息沟通形式，这种沟通形式是从内部网络中获取信息并分析，以较为广泛的信息查询广度与较高的信息传递速度，保障信息不被泄露，从而在较大程度上降低其他机构窃取科技成果的风险。只有信息沟通机制建立完成后，产学研三方才能同时开展科技研发和成果转化工作。

在达成一致的战略目标后，科研机构、高校与企业的战略目标也随之得到了统一。在各方建立了有效的沟通渠道，协调了资源关系、利益关系后，产学研师资发展的主要内容会落实在管理方式与资源配备两个方面，此时，还应关注以下几方面：

（1）优化资源配置。资源有效配置指科研机构、高校和企业对资源的应用，通过协调这三类主体的资源管理关系，在充分调动和使用组织理论的基础上，能够实现资源利用与配置的最优化。为了实现资源优化配置的目标，应先对实现资源有效配置的方法进行分析。将企业、高校与科研机构三方独立的资源聚集与整合，将其看作一个整体的系统，再根据统一的目标对资源进行优化配置，这就是优化资源配置的基本方法。通过再加工、重新配置、协调，可以组建一个科研机构、企业、高校三方相互联系、相互贯通的有机结构，以促进三方的共同发展。这种资源配置形式，能将现有资源充分调动起来，发挥出最大效能，实现整体利益的最大化。这不仅能创造三方合作的效果，而且能在资源利用方面获得 1+1＞2 的效果。实现资源优化配置这一目标有以下两种方法。

①建立产学研合作信息共享平台，并维持资源共享渠道畅通。产学研合作是一个三方合作的战略联盟，强调信息对等。然而，信息不对称、资源分配不均的情况在实际产学研合作过程中常常发生。例如，企业、高校与科研机构没有基于共同合作目标构建信息资源共享平台，这样就会增大与其他组织机构合作的风险和成本。因此，构建信息共享平台对参与产学研合作的各方都是非常重要的。信息共享平台的建设先要达成以下目标：一是建立有效的信息披露制度。在产学研合作过程中，及时、准确、公开的信息有助于合作各方充分沟通，因此，该制度应在产学研各方相互信任、相互合作的基础上有效构建。二是充分发挥科技中介的作用。在产学研合作中，科技中介机构可以在其中发挥沟通桥梁的重要作用，将科研机构与高校研发的科技成果及时共享到企业，而企业则将转化完成的科技成果投入市场，收集市场的反应和需求，再通过中介机构反馈给科研机构与高校这两个合作方，由此可以实现产品、人才、技术、需求的有效集合。三是政府应建立开放的信息网络系统。合作三方在政府相关部门的带领下，借助互联网收集产、学、研各方的信息资源，及时向需要的单位发布。通过采集整理各方面的信息数据，并在一定范围内推广典型的合作案例，能使

产学研合作的机会与效率得到一定程度的提升，从而更好地统一产学研各方面的资源要素。

②建立产学研师资发展系统的要素整合机制。协同系统的要素整合是指为了实现统一整体的协同目标，系统通过尝试各种行为方式，如交流渗透、沟通联系等，整合不同部分，形成一个协调统一的整体。整合各要素有利于整个系统的协调性的有效提高。产学研师资发展系统要素整合可以通过要素整合机制将各方分散的资源充分调动起来形成整体目标。

产学研师资发展系统的要素整合部分指整合教师支撑授予、培养、招聘等业务，其中涉及对资金、人力资源、科研技术等要素的整合与配置。此外，产学研师资发展还应整合信息资源、市场资源与管理资源，关注系统内各部门之间的合作、生产效率，引导各部门之间和谐合作，完善师资发展系统，提升系统内部的运作效率，最大化地发挥系统内各要素的功效，实现既定目标。

（2）选择有效的管理方式。产学研师资发展系统以企业、高校与科研机构为管理对象，以打破企业、高校、科研机构三者之间的壁垒，建立有效的管理机制，实现1+1＞2的协同效应为管理目标。在选择管理方式时，应立足以下几个要素构建其实现机制：

①变革教师队伍结构，构建完备的产学研教师聘任机制。高校教师现有的素质和能力往往难以满足产学研合作模式的人才需求。因此，为了使产学研协同系统发挥出全部的整体效能，应从以下两个方面变革教师队伍结构。一方面，聘请更多有丰富实践经验的兼职教师。在实际生产管理中，企业中的大量人才都具有宝贵的知识与丰富的实践经验，他们对生产知识要求、市场实际需求都十分了解，高校可以聘请这部分人才担任兼职教师，通过这些兼职教师提供的实践指导，使校内人才的实践能力大大提高。另一方面，可以采用实习课程与讲座结合的方式，引导这些人才作为兼职教师参与教学活动，同时促进专、兼职教师之间的交流沟通，加强彼此对社会信息、社会对人才的需要的了解，以此带动校内教师科研成果的转化与发展。

②对兼职教师加强培训，将部分兼职教师转变成专职教师。通过引进一线高水平的生产管理人才，使兼职教师的比例得到明显提升后，应对兼职教师进行系统的培训。这些长期处于生产管理一线的人才有着丰富的生产实践经验，但他们可能不擅长科研工作与对学生的教学指导工作，因此对由这些一线人员

组成的兼职教师队伍开展系统的培训十分有必要。培训可以使这些兼职教师更好地担负日常教学工作，并对具体科研过程有一定了解。高校可以尝试将这一部分兼具生产管理能力、科研开发能力、教学能力的兼职教师，吸纳转化为专职教师，以此推动学校在产学研合作中的师资发展。目前，较为成熟的兼职教师转化为专职教师的方式主要有建立专兼职教师互动交流平台、实行"访问工程师"制度、实行"客座教授"制度以及建立兼职教师信息库等。

③鼓励教师前往企业参与培训与专业实践活动，建立高校教师培训系统。在当前阶段，高效专职教师的创新能力与实践能力还有待提升，对此，高校可通过建立教师培训系统的方式解决这一问题。高校应鼓励教师把握企业提供的实习实践机会，将校内合作专业的专业安排与教学内容设置等与企业用工部门衔接起来，鼓励高校教师积极与企业人才交流合作，促进产学研人才的培养与发展。

在学校方面，高校可组织教师积极参与各类产学研人才培养和发展的相关培训，如优秀教师计划、岗位培训以及教师业务培训等，并从企业中邀请一些具有丰富实操经验的技术人员，担任师资队伍的培训人员，提升教师的实践操作能力与知识技术应用能力，这对营造教学与实践相结合的良好校内教学氛围与打造良性创新环境大有裨益。

在企业方面，高校可通过挂职培养的方式，鼓励教师积极参与企业实训活动。这不仅有助于教师通过亲身了解产品从研究开发到投入市场的整个过程，有效提高自身实践能力；而且有助于教师对社会与市场时刻变化的专业发展趋势和人才需求形成充分了解，并及时反映到教学中，提升学生的就业成功率。

在科研机构方面，高校应创造更多与科研机构交流合作的机会，增加双方人才的交换流动。高校应及时掌握科研机构方面的信息，与科研机构联合进行科研项目开发等工作，建立并实施鼓励机制，鼓励教师积极参与对方组织的科技创新活动，通过提升高校师资科研水平与创新水平提升高校整体创新水平，同时提高教师推广与应用新技术的实际操作能力。

企业、高校、科研机构需要在长期、稳定合作的基础上完成对高校师资的合作共建，这要求三方相互作用达到平衡，并以此为基础不断深入研究。企业、高校、科研机构在深入探讨形成于前一阶段的成果时，应保持稳定、持续的合作，保证科技成果具备良好的市场适应能力与科研深度。因此，企业、高校、科研机构三方的稳定、持续发展，是以师资发展为桥梁与平台，形成基于产学研合作一体化的更深入、更广泛的合作与交流。在持续发展阶段，为推进产学研师资发展，选择并建立稳定的战略联盟模式是主要内容。

三、加快"双师型"教师培养的步伐

对于"双师型"教师的培养，要根据应用型人才培养的需求提升教师的相关能力，建设应用型教师队伍。基于人才培养的需求与目标，促进教师教学能力不断提升，可通过完善的教师培训机制，从数量与质量两个层面发展教师队伍；也可以通过聘请其他高校优秀教师前来本校任教、加强校内外教师之间的交流沟通，对教师的教学科研能力进行培养和提升。此外，高校还应加强与企业等实务部门的合作，积极开展教师培养与培训工作，强化企业工程师与高校教师之间的相互交流与学习，基于教师教学能力的有效提升对教师的实践能力进行培养，推动"双师型"师资队伍建设。高校应在技术研发、实践研究等方面为教师提供支持与鼓励，及时了解产业、行业的最新动态，时刻关注和了解社会发展的前沿技术，形成以科研带动教学的长效机制。教师的能力、素质、水平能对人才培养的质量产生直接影响，因此，教师不仅要具备扎实、丰富的专业理论知识，而且要有较强的专业实践能力，能在学生参与实践的过程中为其提供全面、科学的指导，兼具工程师与教师的双重资格。高校的完美转型首先需要加强"双师型"教师队伍建设，保障充足的教师资源以及一流的实践教学质量。

（一）"双师型"教师的内涵与外延

1."双师型"教师的内涵

鉴于对"双师型"的内涵把握与概念解读，处于不同视角上的不同专家，对"双师型"教师这一概念做出了不同的解读和界定。截至目前，学术界对这一全新的概念尚未形成统一的界定，主流观点主要有以下几个：

（1）"双职称"学说。一些学者持"双职称"学说的观点，指出要达到以下两个条件才能成为"双师型"教师：第一，必须拥有教授或讲师的身份；第二，具有高级工程师或者工程师的资格。也就是说，"双师型"教师不只要具备教师职称，还要具备非教师职称，其本身具有一定的特殊性。"双师型"教师在刚被提出时的含义就是"双职称"学说所指的教师，"双师型"的名称

也因此代表工程师与教师两种职称。

（2）"双素质"学说，也称为"双能"说。一些持"双素质"学说观点的学者认为，同时具备教师的专业能力与知识和其他职称（如技师、工程师）的相关能力、素养的教师就是"双师型"教师。另外，"双师型"教师不只是教师与工程师两种职称身份能力素质的加和，它要求做到全面贯通专业知识与技能，通过自己的理解将教材转化成能被学生理解、吸收的教学语言和经验知识，使学生通过获取相对简单的信息，能够快速理解、学会和熟练掌握一些知识与技能。"双素质"学说主要体现的是"双师型"教师作为"双师"的素质与能力的基本效用与整体特点。

（3）"双证"学说，持"双证"学说观点的学者认为，只有具有相关职业资格等级证书或专业技术职务认知资格证书的专业技术教师才是"双师型"教师。例如，某位教师同时拥有工程师资格证与教师资格证，那么这位教师就是"双师型"教师。这种观点无法说明教师技术水平与职业水平的真实情况。教师可以取得教师系列职称、工程系列职称等很多种相关职称。职业资格指由劳动和社会保障部门、企业、行业等工作单位颁发的相关技能证书或行业资格证书。容易进行考核是该观点中职业资格的最大优势：审查时不需要对其他方面的能力进行测试，只需要教师出示相关证书，就能判断其是否满足"双师型"教师的判定条件。

（4）"叠加"学说。持"叠加"学说观点的学者普遍将"双能"与"双证"两种学科综合起来，认为"双师型"教师首先要持有"双证"，其次要具备"双证"要求的基本技能。"叠加"学说认为"双师型"教师以"双证"学说为基本补充形式，以"双能"为基本内容与内涵。现阶段，在对"双师型"教师的界定方面，高校职业教育人才培养评估及其指标体系基本体现了以下观点。

①获得了本专业的中、高级职业资格（含技能考评人员、行业特许的资格证书、专业资格），同时在近5年内主要参与或主持过用于检验技术水平的设计安装工作或校内实践教学工作，并获得了良好的利用效果，在省内同类院校中达到并保持领先地位。

②近5年内，在企业的基层实践工作经历达到2年或以上（可累计），能为学生参与实际实践活动提供全面且有效的指导。

③近5年内，主要参与或主持过一些研究应用技术方面的工作，并且其成

果已经应用在一些企业中，得到了良好的成效。这一要求同时强调教师既要在教学实践方面或技术应用方面做出过大量研究，又要持有可以证明自身能力与水平的证书，表明自身具备该领域中一定的能力与素养。

（5）"双层次"学说。持"双层次"学说观点的学者认为，"双师型"教师既具备向学生传授专业理论知识的能力，又具备向学生提供技能技术方面的指导的能力，能够引导学生树立正确的世界观、人生观和价值观，帮助学生养成良好的职业道德品质，为学生成长发展指明方向。具体来说，"双层次"指拥有第一或第二层次能力的素质教师。

（6）"一证一职"学说。持"一证一职"学说观点的学者认为，"双师型"教师要求校内教师兼具教师职称与其他职业资格证书；在要求兼职教师或校外教师在具备教师资格证书的同时，还要其拥有其他职称或非教师系列的高级专业技术职称。

《中华人民共和国国民经济和社会发展第十四个五年规划和2035年远景目标纲要》（简称《纲要》"十四五"规划）中解释，"双师型"教师是指同时具备理论教学和实践教学能力的教师及教学团队。

通过归纳上述研究，笔者认为，"双师型"教师概念反映的是高校要求教师兼具一定广度与深度的理论基础知识，具备良好的教学能力，不仅具有教师方面的职业技能资格证书，而且有一定的研究实践能力和技术开发实力，认为这样的教师才是"双师型"教师。

2. "双师型"教师的外延

"双师型"教师涉及两个方面的外延内涵：一是通过专门的培养取得教育行业相关资格与能力的教师，二是从企业、行业招聘的具备教师资格的兼职教师。前者所指的这类教师群体的人事关系与工作都在学校，以学校组织的教育教学工作和参与行业或企业的实践活动为工作重心；后者所指的这类教师群体的人事关系一般不在高校，只将学校作为有效管理和评估其教学工作的主体，这类教师是"双师型"教师群体中必不可少的组成部分。例如，美国社区院校聘请的兼职教师可以有多种构成可能，英国、德国的职业院校聘任的兼职教师数量也不断增加。究其原因，主要有以下两个方面：一是高校与地方的经济发展密切相关，很多课程本身具有较强的实用性，需要由一些具有丰富的教学和实践经验的教师来承担；二是聘任一些校外具有扎实技术实践能力的兼职教师，将生产实践与课程教学结合起来，对学生进行全方位培养。随着社会的发展，兼职教师必然会成为高校未来教育教学事业的重要部分。需要注意的是，"双师型"教师队伍只能引进总授课量达到一定时长且年授课数超过一定标准或者取得教师资格证的兼职教师，以此保证教师的稳定性，保证教师队伍始终有较强的职业能力和道德素养。

（二）高校"双师型"教师队伍建设的对策

1. 转变理念，合理规划"双师型"教师

成为应用型高校是地方高校未来转型的主要方向之一，也是我国经济发展与转型的必然趋势。普通高校转型成为应用型高校，是坚持职业技术发展规律得到的经验，也是我国对比国外办学模式得到的总结。与普通高校相比，应用型高校主要向学生提供的是面向生活与未来就业的教育，其主要的教育形式为专业教育，与普通高校并行，在高等教育体系中发挥着十分重要的作用。高校应以为国家发展社会建设培养人才、研发并实施技术以及为地方就业与经济发展提供服务为主要功能。高等教育使人终身受益。我国地方高校的发展与转型，并不是对各种单项改革措施做加法，也不是调整校名，而是系统、全面地改革。为了实现高校的创新性与实质性改革，必须明确并牢牢把握高校的发展标准与目标，并通过国家及政府相关部门的支持，和全体广大人民群众的参与配合，由地方高校主动、积极开展相关工作来实现这一目标。在高校转型过程中，明确的定位与转变的观念都是地方高校自我发展的根本表现，同时能在高校转型过程中起到重要的推动作用，有助于师资队伍结构的优化。为此，地方高校应做到以下几点：

（1）不断转变办学理念。为了有效转型，地方高校应调整传统的办学理念与思路，全面审视当前的高等教育，摒弃高校发展过程中一直以来排斥职业教育的观念和对"高大上"办学规模的追求，应高度重视转型发展和建设应用技术高校的必要性与重要性。所以，为了推动高校顺利转型与社会进步并向社会大众提供更优质的服务，高校应积极建设人才培养通道，有效利用产学研结合的路径，对理论基础进行优化，开设宽口径专业，促进人才培养工作更好地与社会接轨；高校应结合理论知识教育教学与实践操作技能培养，形成并强化培养实践操作能力与创新精神、能力的教学观念；高校应以教师为主导，尊重学生在教学中的主体地位，在教育管理上加强培养学生终身学习和独立学习的

能力。随着教学模式与培养方式的转型，以往照本宣科的教学方式无法再提高学校教育与学生培养的成效，这也意味着针对教师的考核内容、评价标准、考核与评价的方式都要做出相应的改变与调整。在转变高校办学理念的过程中，政府与市场机制也应充分发挥出其调控调节功能，为高校变革提供全面的支持，科学规划人才强校发展战略，鼓励和支持教师转型发展，有效提升教师的专业实践操作技能，支持和推动高校成功转型。

（2）明晰应用型地位。培养应用型人才以提升实践操作技术层面为重要前提。相较于普通高校，地方高校更注重对学生实践操作能力的培养。因此，高校在转型的过程中不仅要考虑加强教师职业素质教育，而且要加强对人才培养目标与办学定位的理解，基于所得到的普遍认可，将地方高校的实际情况与教师队伍的转型情况紧密联系起来，从外国办学经验与培养和认定"双师型"教师的方式中寻找好的经验适当借鉴，加强对"双师型"教师队伍的建设。

（3）深化与企业间的密切合作。为了获得更强大的力量支持转型的实现，地方高校应加大与企业合作的范围，创造更多与其他与之有关的组织和人员合作的机会，并合理定位转型学科、拓展办学规模、突出展现未来的发展特色等，打造政府、高校和企业三方协作的研学互融、产教结合、协同发展的人才培养模式。

高校实现"双师型"教师的转型并非一朝一夕就能达到的，要求政府、学校、教师通力合作，完成"双师型"教师培训及相关的实践锻炼。高校应基于对自身实际的充分了解，寻找一条符合本校"双师型"教师培养的路径。为了提升教师的理论教学能力与实践技能水平，高校应制订可行有效的培养计划，明晰培养目标并严格实施。具体来说，高校在培养教师的过程中，应分别建立长期与短期目标，细化培养计划，并最终落实到学校与教师身上。在内容方面，地方高校"双师型"教师的转型需要高校明确专业教师未来的发展方向，构建科学的"双师型"教师测评体系系统，围绕教师发展的方方面面进行有针对性的考核。在培训形式方面，地方高校"双师型"教师的转型要求地方高校全面结合在职培养与岗前培训，结合在职学习与脱产进修，结合短期培训和系统长期培训，结合能力提升培训与知识学历培训，对教师的假期与业余时间进行系统的、有计划的利用，安排适当的师资培训，使不同层次、不同专业、不同类型的教师经过培训后在各方面都有所提升。

总而言之，地方高校为了培训转型教师，应制订一个全面、合理的培训计划，并有组织、有计划地逐步对教师的专业知识、教学理念等进行调整更新，同时提升教师的实践技能与学术水平，推动地方高校顺利实现"双师型"教师队伍的转型与建设。

2. 拓宽"双师型"教师队伍渠道、优化师资结构

（1）高校应不断扩展引进师资力量的渠道。为培养和训练出一支具备较强动手实操能力与专业能力的应用型人才队伍，高校需要充分结合社会人力资源与专业教师优化师资结构。为了达到培养应用型人才的基本需求，高校应坚持围绕解决实际问题这一核心，摒弃重职称和学历而不关注能力的观点与做法，制定科学的人才选择标准，同时着眼于为技术提出规范标准和行业规范的制定，以新理念、新视野取代不能适应当前时代需求的传统理念和思想，为教师的全面发展打造或提供合适的外部环境，同时不断拓展师资渠道。高校还应在引进人才工作中，不断提升专业标准与职业标准的契合度，并将之与经济社会的发展趋势相结合，建设一支有较高技能实践水平与能力和丰富知识经验的"双师型"教师队伍。

德国是基于高度专业化的形象而对"双师型"教师资格提出相关要求的，因此对资格审查方面有较高、较严格的要求。德国明确要求从业人员取得了由教育部门统一颁发的教育技术员资格证书，或工作年限达到一年及以上后才可以报考"双师型"教师资格。考取教育技术员资格证书要求高校毕业生首先通过第一次国家级的考试，再用一年多或更长的时间参与教育实习，然后再次参与国家级别的考试，通过的考生则可以获得相关资格证书。

日本为了培养"双师型"教师，不仅设置了特色明显的培训课程，而且建立了为期半年的短期课程与四年制的长期课程，这两种课程各不相同。为期半年的短期课程是为一些需要积累实践经验和获得专业技能的人员专门设置的，参加学习者需要具备三年以上的实践经验，或通过国家二级技能考试，或者达到了同等水平；四年制的长期课程则是专门为高中学校设置的，具备一定教学能力、理论知识与专业技能的教师是长期课程的主要培养对象。

美国为了培养"双师型"教师，推行"职业技术教育教师证书制"，要求职业教育师资本人不仅要获得学历，而且要获得学位，同时要具备一年的在有关本专业的企业的实践经验。

韩国为了培养"双师型"教师，其政府以更加严格的标准将职业教育教师资格证书体制划分成三个等级，每个等级都有严格、具体的认定标准，因此有较强的规范性。

（2）高校应优化师资结构。培养应用型人才和核心要素就是有效建立教师结构。首先，高校应对学历结构进行优化。具有较高实践操作能力与素质的教师能深刻影响对应用型人才的培养，这些素质与能力包括科研思维能力、科学文化素质、专业理论素质等，所以应用型人才的培养对"双师型"师资队伍的建设提出了更高要求。其次，高校应优化职称结构。建设"双师型"师资队伍要求教师具备结合理论与实践开展教学活动的能力，同时要求教师具有较高的科研能力，保持"双师型"教师在整体教师队伍中的比例，学校应结合实际情况设置并保持合理的职称结构。最后，高校应优化年龄结构。应用型人才培养要求高校培养出一支能熟练掌握操作技术且具有一定创造能力的专业青、中年教师团队，要求团队中的每一位教师都保持对工作的热心，具有开放的思维与健康的身心以及对科研充满热情等。

3. 强化培训"双师型"教师专业技能

（1）合理整合并优化高校内外的实践教学资源。通过委托培养的模式，向相关企业分批次安排教师实习，组织科技特派员积极参与企业中的国际合作研发项目，提升教师实际操作技能与能力，加快教学改革与课程和专业建设；在相关行业中寻找并引进具有高学术研究水平专家与丰富经验的技术人员承担教师角色，向参与实习的教师进行技能传授，搭建并维护企业与学校之间的合作桥梁，组建一支既具备实践能力又具备丰厚理论知识的教师队伍。

为了满足企业发展的动态化、多样化需求，满足教师充分结合实践技能与理论知识的需要，学校应有计划地组织教师根据专业划分前往社会各个行业实习锻炼，提升教师的专业知识水平与专业实践能力，同时积累一定的社会实践经验。在寒暑假期间，学校可以组织专业教师进入与其专业相关行业的企业单位，通过委托培养模式帮助教师对行业的第一手情况有及时、明晰的了解，同时对行业的发展趋势与现状有全面、充分的了解，从而更好地结合理论知识与实践，有方向性地努力提升自身素质。

另外，高校通过制定和实施相关规定，促使专业教师的"双师"素质得到提升，如规定要先具备在相关行业企业中实习实践1～2年的工作经验后才有资格评定职务或职称；高校可以分派校内专业教师到对口培训基地参与专门的学习培训，奖励获得相关专业技能证书的教师，以此激励全体教师不断提升自身知识水平与技能水平，积累实践经验，强化自身能力。

德国普遍将教师视作一种终身职业，德国要求职业教师必须有高等教育经历，要有 5 年以上从事教育工作的经验，且获得了国家认定的职业资格证书，还要具备熟练运用心理科学与教育学的能力，如此才能被认定为终身职业教师。德国职业学校的教师包括普通教育课教师、理论课教师、专业实践课教师等，其中普通教育课与理论课的教师要求接受过国家认证的高校教育并通过国家相关考试，专业实践课教师则需要在通过国家考试后，再参与 2～3 年的实践锻炼，即可前往相关行业企业参与实习实训。通常情况下，很多教师需要先通过第二次国家考试，再正式上岗，成为职业学校中的一名专业实践课教师。

（2）建立并完善培养青年教师的路径。高校应组织教师积极参与职业资格与实践等方面的培训，引导青年教师科学地规划自身未来的职业生涯，加快转型，帮助青年教师在成长、职业发展方向、课程上完成定位；高校应积极举办各种知识技能竞赛、教学公开课、学术沙龙等活动，促进教师的职业能力、教学水平不断提高；高校还应建立并实行青年教师岗前专业培训机制，为青年教师提供更多职业锻炼与外出研修的机会，并将之与教师职称的评定挂钩。另外，高校还可以选派优秀中青年教师与专业骨干教师，每学期前往其他优秀高校交流学习，促使本校教师队伍的综合能力与素质水平不断提升。

（3）组织教师与学生一同参与行业企业一线的学习实践活动，促进"产、学、研"更好地融合。高校可利用假期时间，有目的地组织教师与学生分批次进入行业企业，通过多种培训方式锻炼教师与学生，强化他们对专业知识的理解，提升他们的实践技能与经验水平。高校可以聘请行业企业中具有高超技能、丰富实操经验和专业知识的专家来校讲学，向校内师生传授知识技能，帮助在校师生将理论知识与实践技能更好地结合起来，同时对在岗专业教师进行一定的专业培训，提升教师的实践经验积累与学生对创新创业的了解，加快学校培养和建设"双师型"教师的进程。行业企业专家的培训讲学，不仅有助于教师不断更新知识理论体系，及时了解行业最前沿的动态，调整教学内容与教育方式，还有助于学生更新学习观念，学习更多专业实践技能，有助于学生未来就业创业，实现"双师型"师资队伍的建设与人才培养目标的充分结合。

（4）着重研发新一代实训科目与基地。各级各类高校应有条理地、分批次地组织教师前往专门的"双师型"实训基地参与培训，同时利用寒暑假或其他业余时间，聘请一些优秀的技术人员或专家对教师进行培训。就实训基地而言，首先，高校应对教师实行多样化的管理。现行地方高校实训基地的管理模式通常比较单一，应进一步推进多样化的管理模式，建立符合学校转型要求的实训基地，并整合各种现有资源不断完善实训基地的建设，将实训基地的管理和培养方式与师生培养特点相结合，使其提供更系统化、更具针对性的培训。其次，高校应改善实训基地投资主体单一化的情况。一直以来，实训基地仅有政府拨款这一个投资来源，投资渠道单一。为了减轻资金压力，实训基地应积极向社会、企业、高校等方面扩展新的投资主体，建设资源、理念共享的创新型模式，探寻一条多渠道融资、校企合作的道路。实训基地在学校发展的过程中，发挥了重要作用。高校应增加其在实验教学与实训基地方面的投资，加强人才培养的针对性与专业性，提升学校的整体信誉。最后，创办"产、学、研"结合的体系。"产"即企业生产，"学"即学校教学，"研"即科研机构技术研发，三者结合来发展新工艺、新技术，加强生产，有助于通过发展相关应用和技术，为教学的改革与发展提供助力。随着信息技术的快速发展，教学不再是独立发展的活动，高校应将其与国家的科学发展、经济建设相结合，为新经济的发展和学校实训基地的建设提供可靠支持和保障，同时增强教师的科研精神、创新精神与创造能力。相关科研基地与行业企业生产部门应与地方高校积极合作，共同建设科研实验教学场所与实训基地，扬长避短，共同建设新的产学研共同体。为了更好地满足地方高校的学生参与相关培训和实训工作、科研单位开展科研实验的需求，并为其提供有利条件，应充分利用实训基地的高科技设备器材与先进科学技术，持续开发研究生产技术，开展科技咨询，推进科学成果的研究与转化，推进应用项目的开展，形成良性循环的产学研合作模式，并积极探索更高效的运行机制与教学培训渠道。

4. 构建多元"双师型"教师评价与激励机制

（1）完善教师评价与激励机制，促进教师主动发展。对于高校建设和发展"双师型"教师的问题，应从根本上寻找解决办法，即构建发展型高校"双师型"教师评价体系。因此，高校应从管理、资格认证、人才培养等各方面不断完善教师评价与激励机制。这要求明确培养"双师型"教师的渠道、范围与内容等。改革教师评价，首先，高校要分类管理教师群体，对教师进行适当引导，使其向"双师型"教师方向发展。其次，高校应就"双师型"教师制定相关资格和职业认定标准，明确培训"双师型"教师的要求、标准与数量比例，启动相关的资格认定工作，在评优评先、职称评聘等方面应适当向教师倾斜。再次，高校应通过申请政府拨款或社会筹款等方式，筹集专项经费，为教师培训活动的展开提供保障，同时，联合企事业单位就培养"双师型"教师建立长期稳定的合作关系。最后，高校应就"双师型"教师的培养、教学工作的开展、实践培训的进行建立相应的实践基地与职业教育培训基地，实行"两进、一培、一参与"的制度，并积极尝试多种培训方式，将教师与其他相关人员的积极性、主观能动性积极地调动出来，使他们认同高校的转型发展，保障实践教学工作有序进行，保持师资队伍稳定壮大。

（2）结合教师激励机制与评价机制，充分激发教师在教学科研工作中的创造性。从管理学的角度看，激励本是一种刺激人产生行动动机，并按照要求前进，最终达到预期目标的心理活动。适当的激励有助于充分发挥出主体行动的主动性、积极性，帮助主体更有效率地达成预期目标。现代教育理论指出，调动教师在教学科研工作中的积极性，激发教师的全部动机，都是当前阶段的重要课题。在培养应用型人才的过程中，地方高校同样需要激励教师，调动教师的主观能动性与积极性。提升教学质量对培养应用型人才具有重要作用和意义，所以，在实际"双师型"师资建设发展过程中，应分类管理教师群体，设计科学的"科研型""教学型""教学＋科研型""教改型"等多种教师管理体系，引发应用人才培养模式发生相应变革，充分激发各专业教师在教学科研工作方面的热情，建立合理、公平的教师薪资分配制度。高校应组织教师积极参与各类基层实训活动，提升教师的教学水平，并以此作为指标对教师的教学进行激励。在教师晋升与评判教师职业素养、专业知识与技能水平、教学能力的指标上，高校可将是否具备一年以上行业企业实训经历作为依据与指标。此外，学校应不断完善奖教基金管理办法，以适当地奖励激励做出过较大教学贡献或科研贡献的教师，激励其更积极主动地参与科研教学工作。另外，高校应为前往国外应用技术高校进修的教师提供经费支持，培养有意愿、有能力的教师成为"双师型"教师。

四、优化高校教师分类管理模式

不断扩大高等教育规模和我国高校专任教师队伍的规模，其间，庞大的高校专任教师群体会推动我国高等教育事业不断发展。与此同时，在管理方面也会迎来挑战。基于这一背景，对高校教师实行分类管理成为实现我国高校教师进一步优化管理的有效机制，同时成为提升高校师资队伍整体层次质量与促进高校教师专业发展的重要方式。结合当今高校教师队伍建设现状，高校人事管理制度改革必然经历高校教师分类管理这一阶段。针对高校的人事管理工作，高校教师分类管理提出了分类管理、分类设岗的新的人事改革思路，逐步实现了高校人事管理由综合性管理到差异性管理、由身份管理向岗位管理的转变，实现了高校人事管理方法与思路的创新，推动了高校管理体制的创新改革。与此同时，高校教师分类管理还为高校建设高水平教师队伍提供了重要保障。在对教师岗位进行分类管理的前提下，高校教师分类管理围绕教师岗位的不同类型，分别在教师管理的各个环节做出针对性规定，为有序开展高校教师管理工作提供了可靠的操作方案与现实标准，有助于最大限度地发挥高校教师管理效力，有效加快高校师资队伍建设进程。

（一）高校教师分类管理的概念界定

本书所研究的高校教师分类管理是一个综合性的概念，涵盖教育学、管理学、经济学等多个学科。从教育管理学的角度看，高校教师分类管理指在岗位聘任、岗位设置、岗位培训、岗位分析、岗位退出、岗位考核等环节，对不同级别、不同岗位的高校教师，有针对性地采取差异化管理策略，有效推进高校教师专业化建设进程，提升整体师资队伍水平，使高校教师充分发挥出其主要带动作用，推动高校的建设、转型与发展。从管理学的视角看，高校教师分类管理是从身份管理到岗位管理的转变，实现对高校教师的管理是高校教师聘任制得以深化改革、高校人事管理制度改革进一步落实的重要体现。从经济学的角度看，高校教师分类管理就是分类开发高校教师人力资源的过程，通过设置高校教师岗位的类别并对其实行分类管理，可以使高校有效提升开发教师人力资源的水平，同时提升高校教师的"生产力"水平，将高校教师人力资源在科学研究、高校知识传承、社会服务、知识技术创新等方面的作用充分发挥出来。

本节关注的高校教师分类管理的概念应被界定为：管理主体分类管理不同

类型、不同级别、不同岗位的高校教师，主要涉及分类聘任管理、分类薪酬管理、分类退出管理、分类培训管理、分类调配管理、分类考核管理六个方面。

（1）分类聘任管理指相应管理主体在教师招聘、岗位聘任、职称评定等方面，对不同级别、类型和岗位的教师实施的有针对性的管理。

（2）分类薪酬管理指相应管理主体在绩效、奖励、基本工资等薪酬构成部分，对不同岗位、类型、级别的教师实施的有针对性的管理。

（3）分类退出管理指相应管理主体根据各类高校教师退出形式，如主动性退出（辞职）、自然性退出（退休）、被动性退出（辞退）等，对不同级别、类型和岗位的教师实施的有针对性的管理。

（4）分类培训管理指相应管理主体就各种教育培训方式，如国内外进修、岗前培训以及学历教育等，对不同级别、类型和岗位的教师实施的有针对性的管理。

（5）分类调配管理指相应管理主体在人员流动、职位调整等方面，对不同级别、类型和岗位的教师实施的有针对性的管理。

（6）分类考核管理指相应管理主体在考核评价的内容和方式上，对不同级别、类型和岗位的教师的聘期考核、年度考核等实施的有针对性的管理。

在上述相关核心概念界定的基础上，从本质上看，高校教师分类管理就是高校等管理主体以一定的规范和管理制度为依据，对高校专任教师实行差异化管理的实践活动。

（二）我国高校教师分类管理优化的具体策略

1. 建立、健全高校教师分类管理制度体系

高校教师分类管理的有效实施需要完备的高校教师分类管理制度体系作为指导和保障，只有建立健全高校教师分类管理制度体系，我国高校教师分类管理工作才能有针对性，才能事半功倍，取得良好的管理效果。高校教师分类管理制度体系的建立健全需要在构建科学、全面的高校教师分类标准的基础上，从各个层级和方面着力。

（1）构建科学、全面的高校教师岗位分类标准。科学、全面的高校教师岗位分类标准是高校教师分类管理的基础和前提，只有依据科学、全面的高校教师岗位分类标准，对高校教师岗位进行科学分类，才能真正实现科学的高校教师分类管理，提升高校教师分类管理效果。高校自身发展现状的差异和当

前的分类发展战略，对于高校专任教师队伍建设和专任教师自身发展都提出了不同的要求。若反映到高校教师岗位分类方面，则是要求不同层次、不同类型的高校针对自身发展现状和发展战略制定符合实际需求的高校教师岗位分类标准，无论是当前流行的"三分法""四分法""五分法"，还是其他分类标准和方法都应与高校发展实际需求相适应。高校应进一步提升教师岗位分类标准的科学性、全面性和适应性。同时，科学、全面的高校教师岗位分类标准一定是人性化的、充分关注高校教师个人发展需求的分类标准。科学、全面的高校教师岗位分类标准，不仅应充分关注高校教师性别、年龄等生理、心理发展特征，进一步彰显高校教师岗位分类对教师的人性关怀；而且应充分关注不同学科、不同层次、不同发展阶段的高校教师的发展需求，在高校教师岗位分类中充分关注高校教师的专业性特征，进一步提升高校教师岗位分类的科学性。

（2）构建政府、学校、社会等多方协同的制度结构。我国高校教师分类管理制度体系的构建需要各级政府、学校、社会共同着力、多方协调。在政府层面，针对我国高等教育事业发展的实际需要和高校分类发展战略的现实需求，国家制定并出台诸如高校教师分类考核、分类聘任、分类薪酬、分类退出等方面相应的高校教师分类管理法规、制度，为高校教师分类管理提供明确而全面的法律支撑。在地方层面，地方人民政府应遵循国家有关高校教师分类管理的相关政策规定，结合地方高校发展实际，进一步完善地方层面的高校教师分类管理制度。在学校层面，各个高校应结合学校发展战略和自身的办学水平、办学条件、教师队伍状况。在遵循国家和地方相关法律法规的基础上，构建符合本校发展实际的教师分类管理制度体系。在社会层面，各个社会组织、行业协会应针对社会与高校的联系与合作，切实完善诸如高校教师校外兼职、社会服务等方面的制度规定，构建起社会层面的高校教师分类管理辅助制度体系。这样通过国家、地方、学校和社会等各个方面共同着力，构建起高校教师分类管理制度体系，可进一步明确各方在高校教师分类管理当中的权责，提高各方在高校教师分类管理工作中的协调性，提升高校教师分类管理工作的效率和效果。

（3）构建起全域的高校教师分类管理制度结构。我国高校教师分类管理制度体系的构建需要从高校教师分类聘任制度、分类调配制度、分类培训制度、分类薪酬制度、分类考核制度和分类退出制度等六个方面着力，构建起全域的高校教师分类管理制度结构。具体做法包括：结合高校发展实际，制定能够吸引适合高校发展的人才的高校教师分类聘任制度；构建能够促进人才、智力良性流动的高校教师分类调动制度；构建能够提升教师核心素养的高校教师分类培训制度；能够体现公平的高校教师分类薪酬制度；构建能够激发教师活力的高校教师分类考核制度；构建能够实现教师队伍优化的高校教师分类退出制度。

2. 提升高校的教师分类管理水平

（1）扩大高校办学自主权，提升高校在教师分类管理当中的主动性。扩大高校办学自主权，需要处理好高校内部和外部两个层面的权责关系。一要处理好高校与政府的权责关系。二要处理好学校与二级学院、科研机构的权责关系。在高校教师分类管理中，涉及教师人事管理权责在校内的分配和协调问题。随着中国现代化高校制度建设、高校治理结构的不断优化与管理重心的下移，二级学院作为重要的办学实体，其治理问题已经成为高等教育理论研究和实践探索的重要课题。在高校教师分类管理上，二级学院作为重要的办学实体理应承担相应的管理责任，在高校教师分类聘任管理、分类调配管理、分类培训管理、分类考核管理、分类薪酬管理和分类退出管理等环节应具备相应的话语权并承担相应的责任。只有有效协调校、院两级在高校教师分类管理当中的权责关系，才能真正提升高校教师分类管理的针对性、务实性和科学性。

（2）提升高校统筹协调能力，实现高校教师分类管理的多部门协同。提升高校在教师分类管理工作中的统筹协调能力，包括以下几点：一是完善高校教师分类管理的统筹协调制度。进一步明确高校在教师分类管理中的统筹协调的责任和权力，明晰高校校级层面和人力资源部等各相关部门在高校教师分类管理中的权责和协同机制，为高校在教师分类管理工作中统筹协调功能的发挥提供坚实的制度支撑。二是建立高校教师分类管理的统筹机构。高校教师分类管理统筹协调机构需要从校级层面着手，成立教师分类管理事务委员会，就教师分类管理工作中涉及的多个部门的事务进行统筹协调，提高人力资源部、财务部、科研部、教务部等高校教师分类管理相关部门的协同性，提升高校教师分类管理工作的效率。三是针对高校教师分类管理工作构建统一的反馈、评价机制，针对涉及多个相关部门的教师分类管理事务的处理过程和结果进行客观、全面的评价反馈，针对存在的问题和风险及时纠正，以逐步完善高校教师分类管理的统筹协调机制。

（3）完善高校宣传机制，提升高校教师对高校教师分类管理的认同感。

加大高校教师分类管理制度在高校教师群体中的宣传力度，应做好两方面：一方面，在高校文化建设中突出教师分类管理方面的相关思想和内容，将高校教师分类管理思想通过校园文化熏陶的方式逐步渗透到高校教师群体中，使高校教师在思想上逐渐认同高校教师分类管理。另一方面，高校还应加大对高校教师分类管理相关制度的宣传力度，将关系到广大高校教师群体的教师分类管理相关制度切实传达给每一位教师，使高校教师加强对分类管理相关制度的理解和认识。同时，高校在具体的教师分类管理工作中应注意相关政策的严格执行，使广大高校教师在具体的管理事务中理解和体会相关制度的思想和内容，进一步强化自身对高校教师分类管理的认识。

（4）强化高校差异化管理理念和措施，加强对高校教师的人性关怀。在高校教师分类管理中进一步关注教师差异，加强对高校教师的人性关怀。一方面，高校应进一步优化高校教师分类标准在高校教师分类标准的构建过程中充分考虑高校教师学科发展特点、年龄、生理和心理状况等，进一步提升高校教师岗位分类的科学性、合理性，在此分类标准上的高校教师分类管理才能够真正实现其服务和保障教师成长，提升高校教师人力资源质量。另一方面，在具体的高校教师分类管理事件中，应坚持以人为本的服务理念，增强高校教师群体的服务意识，提高高校教师分类管理工作的灵活性、主动性，使高校教师分类管理工作能够切实尊重高校教师的客观差异，保障高校教师的基本权益。

（5）构建专业化的高校教师分类管理教育职员队伍。只有将高校教师分类管理专业人员队伍建设纳入高校分类发展战略下的专业管理人员队伍建设体系当中，才能最大限度地实现人力资源共享协同，使高校教师分类管理工作真正地落到实处。具体如下：一是着力构建高校教师分类管理的专业人员队伍。高校应从教师分类管理出发，统筹人事部门、财务部门、教务部门等教师管理相关行政机构，着力打造具备教师分类管理知识和能力的专业管理人员队伍，提升高校教师分类管理的专业化水平。二是着力推动高校行政管理人员转变身份观念，从传统的事业编制理念中的"单位人""国家干部"等身份中走出来，确立契约观念，通过高校教育职员聘任制构建高校教育职员与学校的契约关系，实现对高校教育职员队伍的管理由身份管理到合同管理的转变，提升对高校教育职员的管理水平，并以此助推高校教师分类管理水平的提升。三是明确高校教育职员的法律身份，保障高校教育职员权力的有效行使，避免高校教育职员权力的越界。这体现在以下两个方面：一方面，高校应通过制定和完善相关章程，实现高校教育职员行政权力的合法化，保障高校教育职员在教师分类管理过程中行政权力的有效实施。另一方面，高校应在整个社会从管理行政向服务行政转变的环境下，实现高校教育职员的服务者、支持者等角色的明确化、制度化，保障高校教育职员在其合理的范围内履行其权责，避免权力滥用，进而保障高校教师分类管理的科学、有序。

3. 完善高校教师分类管理的评价机制

完善的高校教师分类管理评价与反馈机制有助于科学地引导和规范高校教师分类管理工作，促进高校教师分类管理的不断优化。完善高校教师分类管理的评价与反馈机制主要从评价指标、评价机构、评价对象和评价结果的适用等方面来开展。

（1）构建符合高校教师分类管理实际的科学评价指标体系。高校教师分类管理的评价应在具体管理实践中进行，根据现代人力资源管理理念及核心内容，结合高校教师分类管理岗位分类、职责匹配、差异化管理等基本原理，构建出一套符合高校教师人力资源管理特征的评价指标体系，如高层次人才引进率、优秀教师流失率、教师分类培训完成率、教师分类考核完成率、教师分类薪酬计算的准确性和及时性、教师与学校劳动纠纷数量、教师对高校人力资源管理与服务工作的满意度等。在高校教师分类管理的评价实践中，应坚持定性评价与定量评价相结合，力求准确、客观地评价高校教师分类管理的成效。

（2）引进第三方评价机构。第三方独立机构的介入有利于以公正、权威的非当事人身份，根据法律、合同或标准进行评价，从而提高效率，降低风险。现代高校制度的构建需要高校内部、外部治理结构的改革和优化，通过完善高校管理评价机制，引入第三方评价机构，以实现真正意义上的社会参与，提高高校教师分类管理评价的效率并保障其科学性、客观性和公正性。政府和学校通过购买服务的形式，引入独立于政府、学校的第三方评价机构介入高校教师分类管理工作评价，可以有效实现管理与评价的分类。

（3）明确评价的对象。高校教师分类管理的评价，其对象是高校教师分类管理工作。高校教师分类管理工作的成效不仅包括高校教师队伍建设情况，还包括高校教师个体的专业发展情况和高校整体的人力资源管理情况。高校教师分类管理的评价，既要考虑高校教师群体的发展，也要考虑高校教师个体的成长,更要考虑高校的整体发展。只有这样,高校教师分类管理的评价才更全面,才能切实地反映高校教师分类管理工作的实际情况,从而达到预期的评价效果。

（4）重视评价结果的适用。评价的目的是更好地反映工作状况,为工作的优化提供客观而全面的参考依据。国家和高校应充分重视高校教师分类管理的评价结果,从评价结果中发现问题、分析原因、优化工作。针对高校教师分类管理的评价结果,高校人事处、财务处、科研处等相关部门要及时对照检查,不断优化高校教师分类管理工作,提升高校教师分类管理工作水平。

part*6*

第六章

高校教育教学管理下

人才培养模式

第一节　我国高校创新人才培养模式的实践

一、创新人才培养模式分类

（一）学科基础型

在为培养优秀学生而启动创新人才发展计划之前，我国高校首先需要引导学生接受学科基础课程的训练，培养他们形成发散思维，为他们未来的专业成长奠定坚实的基础。这种培训模式的目标是塑造具有"大文科"或"大理科"思维方式的学生。这种培训模式的特征是学科基础课程占比高、专业课程占比低以及学习时间较长。学科基础型创新人才培养模式通常采用硕博连读的方式，着重培养广泛而深入的基础知识，并在此基础之上进一步提高专业成就。根据确定时间的早晚，学科基础型创新人才培养模式可以分为学科方向型和学科发散型两种。

1. 学科方向型

学科方向型创新人才培养模式以专业为基础招生，挑选有潜力的创新人才。这些学生将在大型平台上统一接受学科基础课程的培训，完成后，被选拔的学生将返回到原专业进行专业学习，以此实现专业化的成就。

2. 学科发散型

与按专业招生的学科方向型创新人才培养模式不同，学科发散型创新人才培养模式以大类为基础招生。选定的学生将按照培养计划对大类里的学科基础课程进行学习。学成以后，学生就可以对专业方向进行自主选择，然后开启专业知识的学习。这种学习模式是最具灵活性的，被广泛应用于大部分高校的教育中，既可以保证基础教育和通识教育的效果，也可以保持专业培养的灵活性。

（二）方向纵深型

有些高校会独立招生选拔创新人才，入选创新培养计划的学生在被录取时就已经确定了培养方向。许多高校倾向选择这种提前录取的方法，基于专业方向进行课程内容的设计，不管学习的是基础课程、通识课程还是专业课程，教学活动的开展都以专业为单位，通常是四年学制。该模式可以更好地发展学生的专业兴趣，促进学生开展更加深入的专业探索，引领学生迈入更高级别、更深入的学习领域。基础课程的占比较小、专业课程的占比较大是该模式的显著特点。另外，该模式下的课程选择空间相对较小。

学科基础型模式的优点在于具备更高的灵活性，可以在中途更改专业方向。同时，它先进行统一的学科基础课程培训，不会影响后续专业调整的流程，为"大文科"或"大理科"思维的培养提供了充足的基础知识，使学生对各专业方向有更清晰的理解，也为学生选择适合的专业方向预留了充裕的时间。

然而，方向纵深型模式在专业培养方面更集中，目标管理更明确，专业特点更突出。从学生走进校门的那一刻开始，他们未来的成长目标就已经有了，不断努力钻研就是为了实现专业目标。这种模式具有明显的专业特征。

以上所说的两种模式是我国创新人才培养方面的独到探索，代表了我国创新人才培养的思维方式，可以说是我国创新人才培养的集大成。

二、创新人才培养的探索进程

（一）探索起步阶段

中华人民共和国成立以来，我国高校的顶尖创新人才培养一直在进行。其中，最为知名的模式是少年班。少年班是针对早熟的青少年设立的一种特殊教育模式。随着时代的发展，少年班已转变为高校自主招收非应届低龄考生的制度。正是在诺贝尔物理学奖获奖者李政道的建议下，中国科学技术大学设立了少年班。少年班首先在高中生中进行优选优育，挑选并培养天赋出众的学生。接着采用产学研模式，利用科研平台的优势，让学生有更多的机会进入相关实验室，接触国际科学研究的前沿，培养他们的科研兴趣和能力。以上海交大—宝钢和中科大—中国科学院为例，他们突破了传统的教学方式，对产学研模式进行了创新，在人才管理与教学实践方面进行了全面的创新。他们遵循"两段式、三结合、长周期"的培养理念，分别在大学、科研单位完成了人才培养过程，将院系与研究所、科研与教学、理论与实践相结合，实施了本、硕、博贯通的长周期培养模式，形成了中科大独有的人才培养模式。

少年班模式倡导广泛使用研究性学习和研讨式教学，实施双导师制、书院式管理，是最早的创新人才培养模式。少年班模式在整个教育领域都处在很高的层次上。这种产学研模式打破了传统的教学模式，并全面地创新了人才管理和教学。例如，华罗庚数学科技英才班建立了实践基地，便于学生在学习理论知识的过程中与实践相结合，大大推动了前沿科学及高科技的发展，为国家培养了很多具有国际视野的优秀人才。这种模式强调优选优育，在人才培养的方式方法、理念及具体的实践教学方面都进行了创新性改革，一直延续至今，其目的就是为国家培养在未来 15～20 年科学与工程领域的高端人才。因为该培养模式比较注重生源的年龄，所以可能会出现误评学生质量，忽视对人才人文素质的培养的问题。也就是说，这种缺乏人文知识学习的培养模式并不利于全面发展人才的培养。

（二）摸索尝试阶段

与少年班相比，更加成熟的则是实验班模式。该模式是在少年班模式的基础上发展起来的一种新型培养模式。该模式的培养理念更具科学性，会为低年级安排通识教育；对于高年级学生，则侧重于专业能力的培养。通过这一模式可以为国家培养出更多高素质的创新人才。

北京师范大学的励耘实验班和升级后的励耘优秀人才培养实验班，更加注重分段结合，注重将专业基础教育和通识教育合理地衔接起来，然后根据学生的兴趣及专长分专业，从而实现纵向发展。制订科学的学习计划，在教学前期侧重于通识课程教学，中后期则以培养学生的社会责任感和开展专业课教学为重点。励耘实验班的培养特色包括：深化通识教育，以强化专业养成；加强学科综合，以促进优秀人才培养；推进研究性教学，以培养创新能力；鼓励自主探究，以促进个性发展[①]。北京大学元培实验班实行"本科阶段的低年级通识教育和高年级的宽口径专业教育"模式[②]。在大学初入学期间，学生不会被直接划分到具体的小专业，而是按照大类分为文科和理科，以淡化专业之间的差异。以武汉大学的基地班、数学实验班和弘毅学堂为例，三者的培养方案基本一致，旨在培养具有广泛领域知识、深厚基础、高素质以及强大能力的学生。类似地，中国人民大学的文理跨学科双学位实验班，将跨学科科学理念融入传

---

① 虞立红，李艳玲，李敏谊. 本科优秀人才培养模式探索：北京师范大学励耘实验班建设与改革经验 [J]. 中国大学教学，2009（1）：24-26.

② 汪韬. 北京大学元培实验班课程设置及对学生发展的影响 [J]. 国家教育行政学院学报，2005（7）：68-71.

统优势学科；国学院（班）邀请国内外国学大师担任学术顾问，建立了本硕连读的完整人才培养体系，并强调游学实习。吉林大学的"唐敖庆班"、华中农业大学的"张之洞班"等也是如此。在这一阶段，教育者非常重视通识教育，旨在打造坚实的基础，并淡化专业之间的差别。

（三）深入思考阶段

在深入思考阶段，高校主要采用复合型培养模式。浙江大学的"竺可桢学院"就是为了进行复合型创新人才的培养而创设了混合班。事实上，浙江大学早在1984年就启动了创新人才培养模式的探索计划。在对世界著名学府哈佛大学、加州理工学院等高校的创新型人才培养计划进行学习和研究以后，他们在前期教学阶段实行了旨在培养广泛领域知识、重视基础教育，并在后期专业培养中强调学生个性化发展的培养模式[①]。华中科技大学的"启明学院"遵循"育人为本、创新是魂、责任以行"的教育理念，将实践能力与创新精神视为培养创新人才的核心，他们致力于培养具有创新能力、创业精神和国际视野的未来杰出人才。南京大学匡亚明学院的大理科试验班，则依靠重点学科，根据学科群来打造基础，并根据一级学科方向进行分流，实行贯通本科和研究生教育的具有宽广领域、深厚基础的大理科"模式"[②]。

许多高校专设学院致力于创新型人才的培养。这些学院以五个学科为基础进行改革，并尝试培养具备"大理科"和"大文科"思维的学生。学院有着自成一体的教学、培养和管理制度，采用实验班、创新班等多种组织模式，并有专门的行政管理，以独立学院的形式存在。在这个阶段，大量创新人才的培养模式都采用校际合作，通过海外学习、联合讲学等方式实现合作目标。高校采用一系列有效的措施，如柔性评估和严格选拔、课程内容与课程体系的整合、学业和心理辅导、建立科研平台、加强国际化交流、营造学术氛围、提升教务管理水平等，以此培养学生具有扎实的专业基础知识和广阔的学科视野，以适应基础学科和相关交叉学科的研究[③]。

高校对于校际合作十分重视，同时对校际合作培养模式进行了探索。学生

① 周光明，段书凯，杜彬恒，等.拔尖创新人才培养的典型模式和实践反思[J].西南师范大学学报（自然科学版），2013，38（5）：150-157.

② 卢德馨.大理科模式的跨世纪之行[J].中国大学教学，2003（7）：16-17.

③ 葛欣.基于大理科模式的拔尖学生培养的探索与实践[J].大学教育，2016（3）：46-47.

既可以保持自己的独立身份，也可以以交换生的身份前往异国的学校学习。这种培养模式可以有效促进学生发散思维的发展，培养学生的创新意识，并在不同的文化背景下促进学生的学术研究。尽管国际的校际合作会在文化、经济交流等方面存在诸多不便，但周边院校之间的合作已成为主流。

总的来说，创新培养模式是该阶段最突出的特点，会将人才集中进行培养，开放创新人才的界限，拓宽学生的国际视野，从而进行创新人才的自主培养。

三、创新人才培养的改革实践

（一）国家层面

1. 国家大学生创新性实验计划

大学生创新性实验计划是一项旨在全面提高学生整体综合素质、提升人才质量的国家重要措施。该计划旨在培养学生的创新意识及实践能力，从而激发学生对于科学研究的兴趣，推动创新项目的开展，通过以点带面促进创新创业教育的发展。这一计划的实施取得了很好的效果，使人才的整体素质得到很大提升。然而，国家与高校应明确，该计划有一些需要改进的地方，如重视申报而忽视建设、重视汇报而忽视指导、重视结果而忽视过程等。

2. 卓越工程师教育培养计划

继 2007 年创新性实验计划后，卓越工程师教育培养计划成为高等教育的又一重大改革。这项计划的覆盖面广泛，跨越了多个地区，涉及多种类型和层次的院校。

在该计划下，各个高校将自身的办学定位与特色、服务方向、人才培养目标等相结合，对具有良好的基础的人才进行了精心选拔。尽管参与院校缺乏专项资金，但依然在教育部的指导和部署下，筹集了资金，并在各部门和企业的支持与配合下完成了工科人才培养的改革。这项改革对工科专业人才结构做出了合理的调整，使工科人才质量得到了很大提高，并给非工科专业带来了积极影响。

3. 基础学科拔尖学生培养试验计划

为了培养本科拔尖人才，国家与高校专门制订了基础学科拔尖学生培养试验计划，由教育部、科技部、财政部、中国科学院、中组部联合组成指导组，由国内外专家组成专家组，负责评估高校实施方案的可行性，并为其提供咨询和建议。起初只有 11 所高校参与，后来扩展到 20 所。入选该计划的院校每 4 年需要进行一次总结，验收不合格的试点将被剔除。该计划从 2009 年开始筹备，2010 年正式启动，但在初期并没有大张旗鼓地进行宣传。各高校都在努力探索培养拔尖创新人才的新路径。2018 年，参与计划的各高校完成了项目验收，并公开了该计划的成果。

这些高校基础学科的相关领域代表了我国目前各领域的最高水平，是我国目前在创新人才培养中最切实可行的培养模式。国家也正在积极总结基础学科拔尖学生培养试验计划 1.0 版的经验教训，然后在此基础上启动 2.0 版。国家与各高校将反思如何更有效地培养创新型人才，分析如何进行资源的整合，如何进行培养环节的连接，从而使培养出的创新型人才真正为国家的发展、为我国综合国力的提升贡献自己的力量。这不只是为人才培养计划 2.0 版铺路，也是为没有参与计划的高校提供人才培养的经验，鼓励他们积极改革和探索人才培养方式。

（二）高校层面

1. 北京大学创新人才培养

北京大学是我国综合性大学中屈指可数的优秀高等学府之一，其坚持发展内涵式的高等教育发展战略，对提升人才质量的新方法进行积极探索，进行了多次改革与实践，于 2015 年对人才培养的目标及定位进行了明确，即"培养能够引领未来的人"。同时，学校教师队伍则是以建设"初步造就具有国际影响力和竞争力的世界级师资队伍"为目标。其目标和定位体现了学校特色，并随着计划的实施在不断完善与改进。截至 2016 年，北京大学将目标更改为"为国家和民族培养引领未来的人"。

在人才培养的实际操作中，北京大学坚决执行全面教育原则，尊重学生的个性，并鼓励他们根据自身特性制订学习计划。这项做法旨在鼓励学生基于自身需求和兴趣调整自己的课程计划，因材施教，以实现个性化教学。另外，北京大学鼓励各个学科根据自身的教育规律，独立探索适合的人才培养模式，以此推动更多学科提高人才培养质量。

此外，北京大学还开展了暑期学校项目，设立了国际暑期学校。北京大学不仅有着丰富的教学资源，为学生提供更多的选择，还将学校的优质资源免费提供给社会大众，为社会、国家乃至全球提供服务。

北京大学十分注重对学业评价体系的建设，并对过程性考核进行了强化，对以往传统的课程考核方式进行了改进，并给出了建设性的反馈，从而引导学生对学习的内容进行深入的反思。同时，北京大学改进了现有的平均分（grade point average，GPA）制度，不再只关注对学生学业成绩的评价，创建了鼓励学生全面发展的学业评价体系。

为了确保教学质量，北京大学建立了科学、合理的课程评估机制，使院系领导及教学指导委员会能够进一步发挥自身的作用，对教学工作加强监督，从而有效促进教师教学质量的提升。此外，北京大学还对学生的评价标准及方法进行了改进，构建了对人才培养体系建设效果的评估调查体系。

北京大学开启了元培计划，全称为"元培学院"，是元培计划实验班的前身。该计划实行了人才培养的新模式，也是 21 世纪创新人才培养的新实践。该计划坚持以"人为本、德为先、业于精"的理念，为人才培养提供了新思路。

（1）培养理念。元培计划坚持"学生为本，道德为先，能力为重"的教育理念，并基于新的培养理念和路径，致力于能力强、素质高创新人才的培养。为了保证该计划的顺利开展，北京大学于 2001 年创办元培计划实验班，充分利用北京大学丰富的优质资源，实施创新人才培养，既为研究生教育输送高素质、创新型生源，也为社会培养了更多具有创新精神和能力的人才。

（2）培养体系。北京大学的元培计划（元培计划实验班）实施的学分制和弹性学制给学生带来了积极的影响。这种制度允许学生根据个人需求和偏好自由选择自己喜欢的课程，赋予学生更多的选择权，并有效提升了学生的学习积极性。学生可基于自身的学习情况进行课程安排，可自行决定哪些课程早修，哪些课程晚修或延迟，使学生的学习活动更符合其自身的发展需求，体现了学校对学生的人性化和个性化关怀。元培计划实验班的学生相比普通班学生有更多的选择空间，可以根据自己的兴趣进行课程选择，以最小的成本学习他们最感兴趣的知识。元培计划实验班的学分总数被控制在 140 学分以内，特殊情况也不得超过 150 学分。这是通过多年的实践得出的。初期的教学计划对有些学生的学分要求高达 160 分，导致学生负担过重，没有自由选课的余地。这违背了学分制的初衷，因此元培计划实验班对教学计划中的学分制进行了改革，限选课被取消，又增加了任选课，并鼓励学生进行跨学科选课，从一定程度上减轻了学生的学习负担。元培计划实验班规定，学生修够了学分以后就可以申请学位毕业,学生修业时间要控制在 3 ～ 6 年,这使学生在修业时间上更具弹性化。

元培计划实验班高度重视让学生在学术旅程的早期阶段接受通识和基础教育,这些教育主要通过全校公共课程、通选课程以及公共基础课程来实现。随着学生逐渐步入高年级,元培计划实验班鼓励学生从宽口径的专业教育中寻找自己的专业方向,并在对应的院系中进行深入的专业学习。为了确保学生能够修习到所选专业要求的课程,元培计划实验班制订了详细的专业课程培养方案。

此外,元培计划实验班还特别设置了文理平台课程,让学生能够根据自身的实际水平选择相应层次的课程。这样的设置旨在防止学生因课程难度过大而无法跟上,同时引导学生正确选择适合自己的专业。然而,一些新生往往低估了大学课程的难度,导致他们在选修物理、化学和高等数学等高难度课程时遇到困难。这就使他们为了多获取学分而使自己的学习变得困难。在这种情况下,元培计划实验班的文理平台提供了解决方案:可以让学生在第二学期改选更适合自己的课程,从而减轻学生的学习负担。

元培计划实验班采用导师制并在教学计划的指导下允许学生自由选课。由于选修课程的范围广泛、层次高、内容深、负担重,学生的 GPA 可能会受到影响。为此,各院系应在免试研究生录取工作中适当考虑这个因素,并保证元培计划实验班学生的免试推荐比例不低于其他院系学生,全力配合和支持学生在兴趣特长等方面的需求。由于元培计划中要求学院的学生人数为 1 ～ 5 人,人数较少,所以可考虑给予研究生项目单独的免试入学名额。

(3)培养方式。元培计划实验班采用两种关键策略来确保教育质量。一是维护学生生源的高标准。元培计划实验班单独招生、单独管理,对学生的整个学习过程进行全面的关注。在学生申请实验班时,他们只需要选择是文科实验班还是理科实验班,至于特定的专业选择,则是根据学生的学习情况和兴趣由学生和导师共同决定的。二是元培计划实验班教育的模式是逐渐引导学生选择专业院系。一旦学生入选元培计划并对各专业设定和培养目标有了一定的理解,他们就可以根据自己的兴趣,在第二个学期的末尾提出专业选择需求,并在第三学期期末对最终选择的专业进行确定。在专业选择上,学生每个人都可以向两个学院的专业提出申请,然后由教务部与元培计划管理委员基于学生的综合情况确定学生最终的专业,并将决定报告给教务办公室备案。

在教学模式上,元培计划实验班推崇"小班课教学"模式,即大班授课与小班研讨相结合，旨在提升学生的独立思考和解决问题的能力。这种模式包括大班授课（每周 2～4 学时）、小班授课（每周 2 学时）和一对一答疑（每位授课教师每周提供 2 小时的答疑时间）。元培计划实验班控制每个小班的人数不超过 15 人，以确保教师和学生有足够的交流空间。

对于大班授课的内容，元培计划实验班会适度增加课程的深度和挑战性，着重引出学科基础和前沿开放性的问题。小班研讨课则配合大班授课，由授课教师精心设计研讨内容、方式、文献阅读和作业布置等。在一对一的答疑环节中，教师能对学生进行个性化的学业指导。

"小班课教学"打破了传统的教师主导式的教学方式，推动了学生主导的探讨式的师生双向互动教学。元培计划实验班鼓励启发式的教学、批判性的讨论和探索性的学习，从而激发学生树立深入思考问题的意识，提高学生学习的主动性，并推动教师改变教学方式和学生改变学习方法。

（4）教师指导体系。元培计划实验班实行导师制，导师由相关学院推荐，通过北京大学校长的评审后聘任。在学习期间，学生可以享受来自学生学习指导委员会的全程指导，该委员会由文理科院系的资深教授担任。导师负责指导对象的品德培养、课程安排、学习方法、专业选择等方面，而学院则全程管理学生在党员发展、社团活动和科技竞赛等方面的成长。辅导员与学生的比例约为 1：30，辅导员在思想教育、法制安全、文体活动和学业教育等方面为学生提供帮助与指导。新生研讨课采用小班研讨形式，主讲教师是学校聘请的各领域的知名教授，其目的就是更好地激发学生的学习积极性，培养学生的兴趣，提升学生的技能。另外，北京大学还邀请了校外的知名人士作为导师对学生进行多维度教学，为学生的科研实践、职业生涯规划等提供帮助与指导；聘请知名学者分享自己的科研经验，为学生的科研提供指导，为学生的自主创新研究助力。为了有效提升教学质量，加强师生交流，促进教学互动，2014 年，北京大学制定了相关的规定，并取得了很好的效果。同时，北京大学还公布了固定的师生交流时间和地点，学生可以在指定时间内前往教师办公室与他们交流咨询。此外，北京大学网站上公示了所有教师的办公时间和地点，为学生提供更便捷的交流机会。

2. 中国地质大学创新人才培养

中国地质大学（北京）是一所重点大学，其地质学专业特色鲜明。在优先发展特色专业、培养创新型人才和建设创新型大学方面，该校具备丰富的经验。随着拔尖计划 2.0 时代的到来，地质学已被纳入培养范围，这使得以地质学著称的中国地质大学（北京）走进了新的发展阶段，这也进一步探索了地质学创新人才的培养模式，为其他拥有独特专业特色的高校提供了借鉴经验。

中国地质大学（北京）在学科建设上提出了一系列发展思路。

（1）中国地质大学(北京)将继续保持地质学领域的优势，并拓宽研究领域，重点发展地质学延伸专业，加强工程能力培养。同时，适度发展非地质学专业，力争形成 2～3 个非地质学学科品牌，并加强基础课程建设，为专业发展打下坚实基础。

（2）在办学理念上，中国地质大学（北京）以"特色＋精品"为指导，立足学校特色，树立品牌，培养一流的人才；完善了学分制改革，将学科竞赛和科技竞赛学分纳入本科人才培养计划，并建立了特殊的本科创新信用管理方法；积极推行启发式、探究式和研究性教学，促进师生交流模式和思维方式的改变，实现学生个体知识的有效生成，最终促进学生素质、知识和能力的全面发展。

（3）中国地质大学（北京）注重科研实践，在创新人才的培养中强调实践教学的重要性。中国地质大学（北京）开展了一系列活动，如科技周、学术成果展和学科竞赛，安排多样、高端的学术报告，逐步建立适合校情的学生课外科技活动管理模式，以特色化、品牌化和长效化的方式开展活动，形成稳定的创新人才实践能力培养模式。

（4）为了加快高水平研究型大学建设，推动地质学领域杰出领军人才的培养，中国地质大学（北京）设立了创新实验班，选拔优秀本科生，培养他们成为"品德优良、基础厚实、知识广博、专业精深"的创新型人才。

为了提高学院的办学自主权和经费支配权，中国地质大学(北京)加大了"放管服"改革的力度，将工作任务逐级传达，明确各项工作责任，并通过督查和奖惩相结合的方式，形成"激励＋震慑"的追责问责机制。具体体现为以下几个方面：

第一，培养体系。中国地质大学（北京）采取两种方式进行创新人才的选拔及培养。选拔的方式是校内选拔，在每年的 5 月和 6 月对一年级多个专业的学生进行选拔，主要包括石油工程、地质工程、地质学等专业，每年选拔约 20

名学生进入创新实验班。参与选拔的学生不仅要有优异的成绩，动手能力强，具有创新精神，还要经过能力测试及导师面试，合格后方可进班。还有一种高考招录的选拔方式，从 2014 年开始，创新实验班改革招生制度，将其纳入招收本科生的计划。学生可以直接报考创新实验班，然后参与相应考试。对于高考招录的学生要分流进行培养，将 4 年的学习时间分成两个阶段，前两年是第一阶段，由数理学院统一培养，后两年则是将自主权交给学生，学生可以对学校的专业进行自由选择。在同等条件下，创新实验班的学生拥有被推荐留学的优势，同时可以被推荐免试研究生的攻读。

第二，培养方式。学校针对创新实验班制订了个性化的培养方案。数理学院、导师组、教务处确定一年级和二年级的公共课程；导师与学生制订三年级和四年级的人才培养计划，规定学分要在 60 分以上才算合格。学生除了要完成集中安排的课程以外，还可以通过导师的指导对选修课进行自由选择。学校应时刻关注国际上的教育发展动态，采用综合教育和专业教育结合的方式。对一年级和二年级要注重普通教育，着重培养学生的基本理论和基础知识；对三年级和四年级则侧重于对学生专业基础与专业技能的培养，打造"厚基础、宽口径、高品质"的人才培养模式。中国地质大学（北京）会对课程内容进行整合，对边缘学科课程进行科学设置，对课程设置中不合理的地方进行调整，基于专业的特点明确专业的发展方向，从而为人才的个性化培养打下基础。学校注重基础课程，并加大实验及实践课程的比重，对工程实践训练加以强化。

第三，管理制度。中国地质大学（北京）为创新实验班专门成立了工作领导小组，组长由中国地质大学（北京）校长担任，组员为高层领导。该领导小组的主要任务是选拔创新人才，对审核及运行机制进行创新，同时负责对重大问题做决策。这一领导小组挂靠在数理学院，事务管理由教务处协助负责。另外，导师组中组员由科学研究院负责挑选，其主要负责对学生的学业进行管理。

创新实验班要接受原学院及数理学院的双重管理，也就是实行双重管理模式。原学院的工作是进行学生的日常管理以及归口管理，数理学院则负责对班主任人选进行安排。学校在管理方面主要采用的是开放竞争的方式，通过优进劣出、进出适宜来提高创新实验班人才培养的有效性。数理学院以及导师组会基于学生实际的学习状况和发展前景实行淘汰制。

3. 两所高校创新人才培养对比

北京大学是我国首屈一指的名校，在创新人才培养方面的实力是非常强的。北京大学不管是在培养的理念和思路方面，还是在具体的培养方式及实际的培养质量方面都代表了我国人才培养的顶尖水平。其人才培养方面的经验更是为其他高校提供了思路和经验。

中国地质大学（北京）是一所综合性大学，它有着鲜明的地质特色，致力于对地质学方面人才培养的探索。该校通过培养地质学专业的创新人才，为国家甚至整个世界输送了很多高质量人才，同时制订出了很多切实可行的方案供全国各个高校借鉴。

两所高校在创新人才培养方面存在以下异同：

（1）培养理念的异同。这两所学校都以立德树人为核心，明确学生的主体地位，对于思想政治教育的作用十分重视，且坚持社会主义办学的方向。同样将专业教育和通识教育结合在一起，重视对学生进行理想与信念方面的培养，从而促进学生全面发展。中国地质大学（北京）把"献身地质事业无上光荣""新三光荣""建设时期游击队员""三光荣、四特别"等精神理念融入教育教学全过程，以培养"品德优良、基础厚实、知识广博、专业精深"的高素质创新人才为目标。北京大学则将"培养引领未来的人"作为创新人才培养的目标。两所高校的比较显示，中国地质大学（北京）有着明确的理念目标，且专业性特征非常鲜明，目标明确，与学校特色及发展方向相符；北京大学则是以学生的成长为核心，以师生为根本，通过教学和研究来创造知识、传播知识和保存知识，从而推动文化的传承与创新，推动中华民族进步，使人类文明得到发展，这是该校发展定位的集中体现。

（2）培养体系的异同。两所高校都非常重视跨学科人才的培养，都对人才培养模式进行了多次改进和完善，遵循学生自愿原则，为了保证入选创新人才培养计划的学生是满足培养条件的，会在选拔学生的题目上下功夫，所使用的题型并不固定，方式也是多种多样，并包含多种形式。两所学校都坚持考核制度，实行严格的选拔标准，而且往往会设置淘汰环节与补录环节。北京大学选拔学生的方式有多种，常见的有保送招生、自主招生、高考大类招生等。其在人才培养上非常注重基础知识的宽度与广度，专业选择的灵活性非常高，这与该校的目标定位——"培养引领未来的人"相符。北京大学会从众多学生中筛选出优秀学生进入元培创新实验班，然后等到第四个学期就将学生转到各学院中的各个专业去学习专业知识，从而实现与学校培养体系的连接。中国地质大学（北京）选拔学生组成创新实验班，侧重于纵深型的人才培养方式，在培养过程中比较注重培养的专业性，让学生通过项目历练及实践研究得到成长，为学生打造了一条成为专业化人才的通道。

（3）培养方式的异同。中国地质大学（北京）在制订培养方案时更加注重基础课程，会增加实验及实习的占比，并对一些不合理及重复的部分进行调整，使之优化整合。北京大学更加注重通过研讨式的方式进行大课堂教学，注重师生双向发展和进步，鼓励院系、学部及教师队伍建设有特色、多层次的人才培养项目，从而促进跨学科的人才培养。

（4）师资力量的异同。两所高校都高度重视教师的作用。中国地质大学（北京）的导师组由科学研究院的专家组成，负责创新实验班学生的学业管理，由导师担任班主任。北京大学的导师则由校长聘任，采用导师制度，导师负责学生的全过程管理，包括选课等方面的指导。

（5）环境管理的异同。近年来，北京大学鼓励跨文化交流，注重国际化校园文化的创建，通过国际化教学资源的引入及特色项目的开展来营造自由探索的学习环境。中国地质大学（北京）则基于现有实践教学体系加强校内创新机制的建立以及创新环境的营造，进行实践开放平台的打造，推动产学研协同育人。

以上所述也是影响创新人才培养的五个重要因素。对于人才培养的改革可将其中的一个要素作为出发点，也可以将多个要素组合起来。改革的方向不同，组合方式不同，最终形成的人才培养模式也有所不同。对于不同要素及不同要素组合的整理与总结都是对人才培养模式进行归纳的过程。

四、创新人才培养的特点

在创新人才的培养上，我国致力于对基础学科、优势学科的挖掘，建立试点班和试点学院，教学形式为小班授课，并通过名人效应扩大创新人才培养工作的影响力及知名度。与探索阶段相比，实践阶段对于人才培养有着更为清晰的定位，类型也更为丰富且更有层次感，计划与相关资料更加全面且详细，投资力度更大，所取得的成果也更大。总结我国创新人才培养工作的特点，主要包括以下四点。

（一）多元选拔管理

在选拔对象、选拔模式、管理模式、政策机制和培养模式等方面，我国高校进行了一系列探索。高校坚持多元选拔，以优秀的学生为培养对象，科学对待具有特殊才能的学生，全程进行单独招生与管理。具体来说，高校对学生在学业方面有着比较高的要求，包括高考成绩及入学后的成绩；此外，高校很注重培养学生的科研能力，重视学生所取得的学术成果及高中阶段所取得的竞赛成绩，既注重学生以往取得的成就，也注重学生所具备的创新潜力，如中国地质大学（北京）通过笔试、面试结合的方式对学生进行选拔，不仅注重考查学生的数学及逻辑思维，还注重考查学生的思考以及观察能力。

在管理模式方面，中国地质大学（北京）对创新实验班采取双重管理模式，创新实验班挂靠数理学院，实行原学院和数理学院双重管理。班主任由教授担任，主要负责学业管理，原学院负责对学生进行日常管理与归口管理。学校所制订的培养方案也具有灵活性与个性化，会基于学生的具体情况实行淘汰制。北京大学的滚动式动态进出机制给予学生更大的自由度，学生可以自行申请加入创新人才计划，如果有其他想法，学生也可以选择退出该计划，这样既能保证教育资源不被浪费，也能保证计划内的学生在学习中的积极性与主动性。但如果学生考核达标，学生就不被允许自行退出人才培养计划。

（二）学科交叉融合

从培养模式来看，创新人才的基本模式是在低年级实行基础教育和通识教育，在高年级则实行分流培养，进行通识教育和专业教育。例如，北京大学强调培养"引领未来的人"，强调"加强基础、促进交叉、尊重选择、卓越教学"的改革思路。

总的来说，各高校都已经意识到学科发展趋势，积极对课程进行改革，基于学科大类进行精品课程建设，拓宽知识基础，从而提升通识教育及课程学习的质量。在人才培养的过程中注重连续性的人才培养，对低年级与高年级分别开展通识教育与专业教育，这对于学生知识结构的完善是十分有帮助的。学生不管是在专业的选择上还是在课程的选择上，学生都有着很大的自主权，这是以人为本理念的体现。具体来说，低年级在文理专业的设置方面不是很详细，所以在大学一年级或二年级都不适合进行分专业教学，因此对这两个年级的学生进行通识课程教学则更利于学生基本素质的培养。到了高年级，也就是对于大学三年级和四年级的学生应该进行分流培养，注重学生的专业发展。另外，高校遵循"降低必修课比例，加大选修课比例，减少课堂讲授时数"的原则，将小班研讨课和大班授课结合起来，促进学科和专业沟通的交叉融合。

（三）推广指导教师责任制

各高校聘请一些知名的专家和学者来校，并组织成立指导委员会，负责培养方案的制订，同时进行项目的各种管理工作。创新实验班有着雄厚的师资力量，往往会采用导师制度。中国地质大学（北京）和北京大学各自采用不同的导师制度，前者主要采用双导师制度，后者则采用多层次导师指导的制度。这样安排可以有效保证对学生创新力的培养，并兼顾对于学生科研精神的培养。

（四）营造创新氛围

高校不仅注重创新理念的推广，还注重对学生创新意识的培养，为实现全面素质教育，为学生提供良好的条件，使学生具备完整的人格，培养学生拥护社会主义及热爱祖国的精神，提高学生团结协作及良好沟通的能力。另外，高校还要注重营造创新氛围，打造文化环境。高校是学生主要的求学场所，如果高校具有浓厚的求学氛围，能够让学生进行平等交流，就可以更好地激发学生的创新意识与求知欲。

中国地质大学（北京）注重拓宽学生的全球视野及国际化的发展，与国外的很多知名高校都达成了合作关系，为学生营造了良好的国际化环境，同时开展国际交流项目，开设暑期学校，对游学积极推广，通过国际交流、第二课堂和素质教育等多种途径全方位培养人才。

第二节 互联网时代高校教育教学管理下人才培养模式的创新

一、升华人才培养理念

（一）明确人才培养目标

在国内，对人才培养目标的表述相对模糊，常用"宽厚基础""创新意识强烈""复合型""高素质"等词汇进行概括。由此可看出，对于创新人才培养目标的确定，还要更好地把握。所确定的人才培养目标要在本质上体现差异化，从而将我国在这一方面的特色体现出来；对于人才培养工作的理解与认识要更加清晰，从而规避高校在人才培养中出现同质化的趋势。各高校可根据本校的实际情况与优势采取合适的培养方式，树立科学的培养理念，从而将自身的特色凸显出来。例如，香港理工大学采用"工作场所学习"模式培养富有专业技能的创新人才。因此，根据各高校的发展定位，凸显特色、打造精品是非常紧迫和重要的任务。

高校应从社会发展战略及国民经济的角度出发，对区域分布、专业结构以及培养规模进行调整，使其从整体上看是具备合理性的。在此过程中，高校要基于市场需求和发展战略对创新班进行整合，防止出现重复设置，同时基于功能、特色以及定位进行班级组建。在推动国家项目的开展时，高校要明确项目和人才培养计划之间的关系，防止出现重复以及资源浪费的情况。

另外，高校应坚持"提高质量"的总目标，在"内涵式发展""改革创新"的总要求和总动力下致力于提升学生的创新能力。结合"双一流"国家战略，在科学的布局下，为学生高水平的专业发展提供支持，防止出现专业发展和后续动力不足的问题，对发展困难或没有效果的学科点进行整合或者直接淘汰，对学科结构体系进行优化，从而实现科学规划及合理布局，形成具有突出特色与优势的学科体系。

　　高校应将制度与学科方面的壁垒打破，积极进行跨学科整合，以早日完成能够满足社会需求的新兴学科的设置。硕博学位的一级学科学位授予应以人才培养需求为依据，结合学科特色进行自主设置，也可以撤销二级学科。除此之外，高校还可以基于教育部的要求对本科的专业进行适当调整，使学科的内涵得到进一步提升。

（二）坚持学生主体地位

　　贯彻大教育观，在人才培养的全过程中融入研究性理念。创新型教育开展的前提是形成先进的大学理念，而要想解决这一问题，就应改革以往老旧的教育模式，解决教学上的理念与思想的问题。

　　创新人才培养的核心就是坚持学生成长，明确学生的主体地位。高校应注重创新人才培养工作的分解，不仅要加强顶层设计，还要重视各环节中高校应承担的责任。高校可以在校长带领下成立领导小组，并进行专家组与管理委员会的设立，其工作内容就是制订创新人才培养方案，对培养体系进行完善和调整，做好方案预审工作，从而保证相关的政策与体系是科学且有效的。另外，高校还可以设立办公室，通过各部门之间的协同合作做好创新人才培养工作。各个学院也可以成立工作组，负责学院工作计划的制订，落实校级文件，对人才培养任务进行细化，从而有效提升人才质量。

　　学生工作部门既要注重党建宣传以及学风建设工作，促进学生的创新创业，也要注重学生的人文教育，如可以设计文学艺术活动，对相关信息进行及时汇总，然后交由负责人才培养的教学部门、管理部门等相关部门，从而促进学科及专业结构、人才培养模式等多个方面的改革。培养创新人才不仅需要高校多个部门的共同努力，使学生获得专业知识的学习，还要利用人文精神去滋润学生，使学生的大学生活更加完整和丰富。

　　另外，高校要建立科学合理的机制体制，如建立奖励机制，从而提高学生对于科学研究的兴趣；高校要创造条件为研究性教学提供支持，在人才培养的各环节中融合研究性理念。

二、完善人才培养体系

（一）更新培养方案

　　高校人才培养方案需要体现研究性教学理念，将研究性学习贯穿于整个人才培养过程中，使科研成果融入课堂教学、科研实践促进学生成长、科研合作成为教学的桥梁。在完善培养方案、探索课程体系改革的过程中，高校要着重关注基础课程，增加实习和实验的比重，并优化整合重复和不合理的设置。

高校应对学分制改革加以改进，并完善培养体系，营造可以促进学生个性化发展的良好氛围，促使人才培养工作更具有效性与科学性。在低年级阶段可对学期制度进行合理的调整，设立练习周，从而创造集中研究教学的条件。在高年级阶段，师生要共同确定培养计划及总体学分，给予学生更多到国外的优秀院校去学习和交流的机会；要坚持"三个层次整合"原则，对实验课予以重视，进行多层次实践教学体系的建立；改变以往实验课依附理论课的情况，要提高对实验课的重视程度，独立设置实验课。尤其是在生物、化学、计算机等学科的实验过程中，注重从简单到综合、从验证到自主设计，让学生在掌握了扎实的理论知识的同时，还能具备实验技能以及自主研究的能力，从而为学生实现"再创造"打下基础。此外，高校还要为学生留出更多自由的时间与空间，使其能够进行课余学习。

另外，高校应进行创新教育，对办学机制进行创新和改革，设置集中的实践课程，这样可以为学生的实践活动提供方便。各高校可基于自身的优势以及人才培养的具体方案对活动进行合理安排，组织社会实践调查、野外实训、学科竞赛等精品实践活动，也可以组织信息科技孵化、短期课程、冬令营、素质拓展营、英语和小语种的速成学习等专项活动。

高校在学科发展方面可以有侧重点，对于自身具备优势的学科进行优先发展，同时与学院实际情况相结合，对培养的方向加以明确，并进行不同培养方案和课程的尝试。例如，北京大学鼓励学生选择具有一定难度的非本专业的课程，其他专业的基础课程也都包括在内。学生在得到教学主任以及导师的允许以后，就可以更换课程，推动这项课程改革。此外，物理学院还设置了6个模块化的培养方案并科学分割和滚动开课，确保了创新人才培养工作的实效性，为学生建立了一个根据个人兴趣和能力自由选择课程的模式。

培养创新人才不是一蹴而就的，而是要经历长时间的努力，如若将注意力全部放在诊断性结果上，难免出现人才培养的偏差。因此，高校需要加强对创新人才培养成果的分析，建立长期有效的机制，对学生进行跟踪研究，不断完善培养方案。

（二）深化课程改革

现行高校课程体系中的主要课程是基础课程与专业课程，有些学校为了使两种课程衔接和过渡更合理，会适当增加一门基础课程。但需要注意，要想将这两种类型的课程合理地衔接好，最重要的是解决好通识教育与人才培养之间的衔接，把创新人才培养作为节点，在通识教育理念的作用下使人才培养的内涵更加丰富。所以，建立一个新的课程体系，将通识教育和专业教育相连接是十分关键的。该体系要将两种教育的教育资源融通在一起，形成层次分明的课程体系，从而与后期高等教育的普及化需求相适应。

从某种角度来说，创新能力的强弱是由知识的宽度与广度以及学科交叉融合的能力所决定的。高校通过通识教育和专业教育结合的模式进行跨学科人才的培养，可邀请一些专家和教授开设特色课程，然后在网络平台上宣传，实现课程资源的共享。另外，为加强内外交流合作，更好地实现教育资源共享。高校应促进网络与线下教育的融合，引进线上资源，打造多学科融合的研究平台，成立虚拟科研机构，增强师生信息意识。

在选用教材方面，高校应予以高度重视。高校应配备高规格教材，规范教材的选用方式，打造精品课程品牌教材；注重对人才培养方案的改进，开设核心课程，让学生可以自由选择课程，使学生拥有更多自主选择的机会；加强学院课程改革，打造多样化优质课程，从而为学生的成长提供引导与支持。

三、优化人才培养方式

（一）定性、定量的选拔机制

创新人才培养有着一定的独特性，它和一般人才培养的区别是比较明显的。当前我国高校在要培养的创新人才的选拔上主要通过高考招录的方式，不管是学科基础型还是方向纵深型，都非常重视学生的高考成绩。然而，这种选拔形式不仅选拔标准单一，招生范围也有限，会制约创新人才的发展，尤其是面对人才素质不确定的问题。虽然在人才选拔方面，当前没有能够代替高考招录的方式，但是我们可以不断完善考试内容，将考试的消极影响降到最低。

不管是对于综合性的大学来说，还是对于具有行业特色的大学来说，选拔机制都会因各自的实际情况而不同。选拔信息可分为两大类：一类是定量部分，另一类是定性部分。对于前者的测试主要通过笔试的方式，而后者其实可以透漏的信息会更多，选拔的主要目的就是比较非定量信息，然后筛选学生，剔除那些只看分数的做法，选拔出那些具有最大发展潜力和学习动力的学生。

例如，中国地质大学（北京）的选拔办法是在学生自愿报名的基础上进行的。首先，学校进行笔试初选，从报名的学生中筛选出 40～50 名学生。其次，学校对这些学生的逻辑思维、认知能力以及判断能力进行考查，由评委打分，然后选拔出成绩优秀的学生组成创新实验班。在此次测试中，学生要观看十几分钟的视频材料，再进行试卷答题，其中要回答三个科学问题。再次，评委会对学生提问，从而了解每一名学生的口语表达能力、思维灵敏度、分析能力等。最后，评委会根据学生的院系、专长、成绩等安排学生进入结构化面试环节，评委再根据考生的表现打分。在选拔过程中，学校对以下几个关键能力进行重点考查：

（1）认知能力的考查主要是对学生吸收与整理科普资料片信息的能力进行考查。在个人陈述过程中，学生要将自己需求明确地提出来，同时说清楚自己报名创新实验班的原因，然后再充分展示自己总结、整理材料和科学探究的能力。

（2）思考能力考查则以考查学生对资料内容的探究能力为重点。在进行小组辩论时，评委会要通过观察学生的认知深度以及判断、甄别认识的能力来评估学生。这一过程还包括评估学生的表达能力。评委会可以观察学生的合作精神、问题处理的方式和态度，以及对科学的热爱和追求。

（3）判断能力的考查主要考查学生的两种能力：一是甄别信息的能力，二是判断能力。在看完视频材料后，学生要提出与材料有关的三个科学问题，再讲给组内同学来答题，而提出问题的学生则要对回答做出评述。

为了保证评委会根据相同的评分标准去评分，将评委组分成陈述组与判断组，对学生进行排名时采用相对排序方法，然后从认知、思考以及判断三个角度给学生排序，去掉最高与最低的排序，再平均计算剩下的排序得出最终的结果。因考虑到认知与思考由一个评委组负责排序，而判断则由另一个评委组负责排序，为了综合考虑各方面的表现，可以为每个方面设置权重系数，例如 0.25、0.25 和 0.5，并按照排名进行加权平均，最终根据排名选拔学生。

（二）鼓励研究型教学思维

研究型教学的重要前提是研究型学习的实施，不管是对于教师的教学能力，还是对于教师的科研水平，研究型教学都提出了更高的要求。教师要对研究型教学理念的内涵有一个深入的了解，并将其贯穿到教学的各个环节中去。研究型教师要基于研究型教学理念对教学方式进行调整，并选择合适的教学内容对教学效果做出科学的评估。研究型教师除了要完成基础的教学工作以外，还要具备一定的科研能力去从事科学研究工作。对于未来的教师来说，教学和科研相结合的能力是应该具备的基本能力。教师要基于研究型教学综合、开放、实践的特点明确教学目标，改进教学方法，改革教学内容，为学生的实验项目提供新思路与新方式。

从高校管理者的角度来讲，高校应成立"教学建设和改革项目"，对教育新模式进行积极探索，鼓励师生及行政管理层的创新；支持教师进行教改工作，通过人事晋升及奖励机制让教师进行研究型教学；让教师参与到各种国际科研项目中去，通过高水平的国际性的学术研究增强自己在国际学术界的影响力。

在师生沟通合作的过程中采用好的教学方法，有助于激发学生的学习兴趣和好奇心，也能引起认知冲突，使学生的学习动力被激发出来，以促进学生知识与能力的构建。创新思维的激发需要高校重视创新教学方法的开创。例如，加利福尼亚大学将创新教育和企业家精神结合，创造一种新的教育模式，大大拓展了学生的创新思维。培养具备意识和能力的学生，首要任务是有效使学生生成个体知识。为了实现这一目标，最有效且直接的渠道就是对教学方法进行改进，同时要改变师生的思维方式以及二者的交往模式，从而使教学方法在促进学生知识、能力及素质方面的成长与提升更具有效性。

目前，研究型教学被认为是一种有效的教学方法，适用于各高校和各门课程，有利于创新型人才的培养。在课堂教学中，传统的灌输式的知识传授已经不适应当前的教育发展，教师要通过鼓励学生通过合作式学习的方法进行学习情境的构建，从而对学生进行引导和启发；加强实践实验教学条件建设，支持大学生进行实践创新；改变传统式教育，提供夏季暑假学期、冬季寒假学期、国际化课程、交流学校、大群体读书班等丰富多样的学习机会。

通过研究型教学，可以培养学生的"大理科"思维，从而为日后高年级的科研活动打下基础。如今整个教学界都在积极开展启发式教学，使学生处于主体地位，关注学生的创新个性以及能力的发展。教师可通过迁移、类比等思维方式致力于提高学生的创新能力。培养学生成为能将我国建设成具有创新实力的国家、使世界各国人民眼中的中国制造变成中国创造、推动中国向创新型国家发展的中流砥柱。

（三）加大实践教学投入

在高校的整体培养框架下，各学院应制订本科教育质量提升计划，开设面向本科生的多个专项基金，如实验室开放基金、创新杯科技立项基金、暑期社会实践基金等，不仅要加大资助的金额，还要使资助的范围更大，从而为学生进行科学研究提供助力。

1. 培养研究技能——实践教学

高校应充分认识到实验教学的重要性并进行调整，使实验课在课时和比例上得到适当安排。为了加强创新人才的培养，各高校应根据实际增设的实习教学及工科基地，在管理模式上也应讲究专管共用。比如，中国地质大学（北京）能源学院和一些石油企业达成合作关系，采用"产学研"基地的实践教学模式，开展人才培养工作，包括博士、工程硕士和本科生等不同层次的人才培养。此外，高校可以整合现有的信息、软件创新实验室等实践教学资源，促进学校创新实践基地的建设，并对实验室的工作进行指导和规范，以提高实验室资源的整合和利用效率，并进行开放式教学体系的构建。在开放实验项目中有一大亮点，就是可以在短时间内将实验所获得的成果进行实际应用。这不但对指导教师有益，而且为学生提供了指导作用。此外，高校还要注重对于良好的学习环境的营造，使学生在自我体验、自主学习和创造的过程中实现自我提升，为学生提供更多自己动手操作的机会，使学生自主设计以及管理实验的能力得到提升。教师通过互动式教学，可以更加充分地了解每一名学生的实际需求，从而实现教学相长，使学生得到创新个性与能力的全面发展。除此之外，高校应积极与相关政府部门、科研以及用人单位加强合作，建立新型的协作关系，加强基地建设，然后实现自己的办学特色。在实践教学中，高校应坚持"产学研"结合的道路，为实践教学提供充足的经费和内容保障，以实现学校、学生和企业共赢的局面。

2. 激发自主创新——科研训练

高校应设立本科生科研计划，开展各种科研训练以及其他培训计划，多组织学生开展课外的科技活动，为学生打造自主创新的空间，增强学生的创新意识，发散学生的科学思维，提高学生的科研及创新能力。学生主要可通过两种渠道参与科研训练：一是参与教师主持的科研项目，教师在整个科研项目中所承担的工作都是比较基础的工作。二是给予学生制订项目计划的权利，学生写好计划书以后可邀请导师给一些建设性的意见，并在导师的指导下顺利完成项目。通过实践可以看出，学生参与到科研的各环节中，不仅能够对学生的知识程度进行检验，还能够有效培养学生的相关技能，激发学生的学习兴趣，提高学生的学习能力，并使学生的实际研究能力进一步提高。

3. 发展研究兴趣——科技竞赛和课外学术活动

大学生科技创新主要通过科技竞赛和课外学术活动展开，这些活动有助于学生进行头脑风暴，培养实践能力、创新能力、就业能力、团队合作精神和竞争意识。为了发展学科竞赛，可以常态化运行学科竞赛机制，不断丰富竞赛种类，兼顾文理科目。高校应积极动员学生参加学科竞赛，并鼓励教师积极参与竞赛指导工作，逐步将竞赛融入课堂教学，形成丰富的竞赛指导团队，以丰富的教学和科研经验支持学生的参赛活动。举例来说，测绘技能竞赛、地质竞赛等可以考查学生的实践能力与意志力，同时有利于学生创新思维的培养。另外，高校还应成立本科生科研管理中心，为学生的研究学习提供指导，并支持学生加入导师团队。在研究过程中，教师应引导学生拓宽思路，为学生提供更多获取信息资源的途径，帮助学生提高专业技能与实验能力，切实解决与专业相关的实际问题。

同时，高校不仅是各种科研平台的依托主体，也是高校科技园的智力后盾和成果源泉，致力于推动科研成果的转化工作。为了激励科研活动，高校应采取更多的激励措施，如科技成果处置收益、人才奖励和创新创业支持。此外，还需要完善高校科研成果转化机制，推动高校为国家创新体系建设提供更好的服务。

四、建设创新型教师队伍

（一）升级创新教师队伍

为了培养创新人才，高校应注重建设创新型教师队伍，开展师风师德建设，增强教师服务意识，提升教师的教学能力。一方面，高校可聘请具有高学术水平的专家来校任教，注重对于优秀青年教师的聘用，并聘请知名学者来校带领青年教师进步与成长，从而尽快打造出具有创新精神和能力的优秀教师团队，同时要注重对师资队伍水平与层次的提升。

师资队伍建设要坚持导师制度，主要包括校聘导师、专业导师、专职导师和课外导师这四种类型。其工作内容涉及学术科研指导、学生专业选择等方面，为学生选择专业、进行自主理性发展提供重要保障。对于专职教师的引进聘任，应强调教师的教学能力、研究水平和实践经历，并通过在职培训、企业挂职、实践项目和资深专家培训等方式提升其能力。另外，高校还应建立兼职导师队伍，充实教资队伍，做到有备无患；明确教师的工作职责，制定相关政策，使专职与兼职教师的作用都能到充分发挥。

为了构建高水平的教师队伍和吸引优秀人才，高校需要创新人才遴选方式，建立青年教师人才储备库，并学习企业的管培生理念，这样可以更加有效地促进青年人才的成长；高校应对人才建设体系加以完善，实施引进国际知名创新团队及学者的计划，加强建设高精尖创新中心；高校应健全教师聘请、培训以及发展机制；对于教师的选拔、培训及后期的职业发展，高校应全程关注，以促进未来科技城的建设，推动科研工作组织模式的发展，建立前沿科技项目的筛选和培育机制，全力建设高水平的创新工程实践教师队伍。

（二）提高创新教学质量

在引进优秀教师方面，高校应根据层次、分类完成工作任务，制定科学合理的薪资机制，建立选聘、引进和培养相结合的教师队伍建设体系，对青年教师的科研工作提供支持；高校要不断对管理体制进行完善，吸引更多的教师来任教。

创新人才培养工作要由经验丰富的教师或者是学科领头人负责，从而保证教师不仅具备扎实的知识还有着丰富的科研经验。为确保他们有足够的时间投入创新人才培养任务中去，高校应为其不安排或少安排核心课程，这样一来，他们才会有更多的精力参与创新人才培养计划。

另外，高校还应对人才国际化开发合作机制进行完善，对境外的智力资源进行充分利用；鼓励教师多去其他国家访学，并积极参与国际性的科学计划；注重对外籍人才管理的改革，提出有效的改革措施，以促进教师团队向高水平、高精尖的方向发展。

为了促进教师的职业发展，高校应调整教师工作量核算方式和岗位任务考核办法，教师发展中心建设可以向一些成功案例进行借鉴，如北京大学为教师提供了科学的连续培训的机会，通过学校举办的专家讲座促进教师的职业发展。另外，高校还组织了很多教师技能比赛，让青年教师积极参与其中，使教师的主动性与积极性被调动了起来；对奖励机制以及绩效制度进行完善，使老教师的经验优势得以发挥，注重老教师在职业发展方面的需求，灵活安排教学任务，使其拥有更多自由时间；不断提高教师的薪资待遇和福利，使教师的基本需求到满足。

高校应注重打造学科创新平台、学术交流平台、学术成果展示平台、科研技术开放平台等，把具有创新能力的优秀人才集聚在一起，建立起优秀的创新团队，通过团队成员的共同努力来取得原创性的科研成果；将科研攻关作为先导，对学科专业结构进行优化，使龙头专业的辐射作用充分发挥出来，打开学科发展与科研创新相互促进的新局面。

五、营造创新环境

（一）高校环境

高校在创新人才培养中的独特地位源于其学术自由、宽容和具有批判精神的内在属性。因此，高校应持宽容的态度对待创新人才，允许他们犯错，创造包容、平等、民主、自由和开放的学术环境，促进创新的发展。在创新型人才的培养中，开放包容的文化和宽松自由的学术环境是必要的条件。

高校应注重良好育人环境的营造。第一，高校应将培养创新人才工作中更多的主动权交给各个院系，减少行政干预，改掉权威教育管理的做法。第二，高校应理顺行政管理关系，使师生都能在一个宽松、自由的环境中成长和发展，不管是在思想上还是在行动上，都要提高师生的自由度。在管理方面，高校应注重灵活管理，正确处理统一要求与个性尊重之间的关系。将目标管理转变为全过程管理，注重原则性与灵活性、一致性与多样性、严肃性与活泼性的统一。柔性化管理的实施可以使学生拥有更多自由发展的空间。学生不仅可以学习统一集中安排的课程，还能通过教师的指导进行其他选修课程的选择，并通过自己喜欢且适用于自己的学习方式去学习。不会开设具体课程，支持学生进行国内以及国外的课程选修，采取导师制、小班授课、个别辅导等开放式的培养体系，并采用本硕博连续培养模式。

高校应增加对人才的资金资助。高校应对奖学金评比机制加以完善，为有困难的学生提供助学贷款。对于毕业以后愿意去一线工作的学生，国家将贷款的本金与利息偿还给学生，这样可以有效促进国家偏远地区建设。高校以及科研机构应降低学生的学费，加大资金的投入力度，设立奖学金和基金为学生的研究性学习提供助力，使学生拥有更多的学习机会和条件。除此之外，高校还应开展创新性实验计划，使学生可以受益更多；还要设立一些本科科研基金等。政府的相关部门要为学生的实习实践创造更多机会，可免除实习费用，并提供一定的补贴。对于实习企业，国家还可在税收上提供一些减免福利。

高校在改善人才创新创业实验基地等硬件设施的同时，也要营造一个博爱、平等的软环境，构筑起人才培养的温馨之巢，实现创新和奋进的美好愿景。我们营造能够挖掘和培养人才的社会环境，打破对手创造和创新能力的迷思，努力实现"每个人都具备惊人创造力"的愿景。

（二）社会环境

培养创新人才，高校应给予师生更多的自由空间，政府相关部门以及社会也要为学生提供更多自由的发展空间，尊重高校的内在运行逻辑，尊重双方的权力边界，为人才解除束缚，为其创新创业提供助力。要注重"软环境"的营造，从而将"软优势"体现出来。高校应大力推广创新理念，不仅要注重创新氛围的营造，还要注重对学生的爱国主义教育，将艰苦朴素的优良传统发扬光大；高校应注重校风建设，培养师生的学术精神，从而为培养学生的创新素质提供助力；高校应注重社会环境的营造，为学生提供与校外交流的平台，从而更好地培养学生的创新意识和创新精神；注重培养学生的道德感及责任感。国家要加大资金的投入，在财务及物质方面为创新人才的培养提供支持，高校应注重经费使用的规范性，使经费使用效率最大化。另外，高校应进行财政下放，对项目申报的流程以及制度进行改革。社会各方力量的捐赠也能为创新人才培养工作提供助力，可更好地推动相关教学工作的开展。国家人力、财力以及相关政策都应向人才培养工作倾斜，从而为学生打造一个良好的创新氛围，使学生更好地提升自身的创新思维及创新能力。

part 7

第七章
互联网时代高校预算
管理模式的创新

第一节　完善高校预算管理体系

高校需要建立健全的预算管理体系，以提高业务和财务的融合预算管理能力。也就是说，高校应树立业财融合预算管理意识，强化管理理念，真正落实预算管理体系，激发教职工参与预算管理体系的热情。通过设定和执行预算目标，后期对预算进行约束控制等一系列行为，最大限度地确保高校业财融合预算管理目标的实现。

一、健全与部门预算改革相衔接的预算管理措施

部门预算实行改革后，作为独立部门的各高校必须在其编制的经费预算得到各级人大批准后，领取和使用各项经费，可见部门预算改革的严肃性。国库集中支付制度改革与以往相比，也对部门预算做出了更严格的要求。然而，预算的约束力并没有因此在实际预算管理中增强，这是预算方面的权责脱节导致的。同时，过紧的预算指标核定并没有严格遵循可控性原则，更没有相关组织机构时刻监督预算是否按要求执行。

（一）采用"略有赤字预算，综合平衡"的校内预算编制原则

部门预算改革表现出综合性与全面性相统一的特点。部门预算改革涵盖对各类可动用资源，如政府性基金、部门预算内外收入等的改革，要求统一部门公共资源。部门预算改革要求对总支出进行严格控制，要求对部门预算改革的现实情况与影响进行综合考虑，遵循"略有赤字预算，综合平衡"的原则编制预算。

从预算的本质上看，预算是一种实现某种发展目标的特定管理工具，具有一定工具性。高校可自行控制预算编制。一直以来，高校的编制和管理预算都遵循"量入为出、收支平衡"的原则。然而，随着高校的支出不断增长，其收入始终无法满足支出的需要，经费供求矛盾始终比较突出。在此情况下，高校可以摆脱以前严格遵守的"量入为出、收支平衡"的预算编制原则，采用赤字预算的方式进行校内预算。对于一些收入预算在严重压缩后仍无法满足支出需

求的高校，可以允许适当的赤字预算，以确保高校重点发展目标的实现。

在实现方式上，高校可以借助个人科研经费的支持，而这类经费通常由使用者个人自行决定使用时间。学校的科研人员通常十分节约科研经费，会保留部分经费用于结题，这就为学校发展赤字预算提供了经费来源。在实际操作上，高校可调取校内科研经费在前 3 年时间中的使用情况并进行分析，预估本年度的科研开支，在年初时科研项目经费余额与本年度科研收入预算的基础上，减去去年支出的科研预算，将剩余经费作为赤字预算额度。对于需要回补的赤字预算，高校可规定强制性弥补预算赤字的时间，要求在 2～3 年内完成赤字弥补，实现综合上的预算平衡。在空间上可以做出单位预算、二级院系的编制，达到二级单位的汇总预算综合平衡。

（二）建立各级责任中心预算管理机制

部门预算应遵循"一个部门，一个预算"的原则。在预算编制上，高校可实行学校内部部门预算的方式。高校的预算支出指的是二级部门以高校划拨的经费为收入。高校主体预算的开支就是二级权力部门的预算支出。将每个二级部门都看作责任中心，则部门负责人就是责任中心的负责人，负责人要对预算管理的审批程序、权限与职责有深刻的了解，负责责任预算的编制和预算主体责任与权利的落实。

另外，高校可将预算责任中心应用的管理模式引入预算管理体系。预算责任中心是单位内部的一种分权制结构，属于大型内部组织结构模式，符合"统一领导，分级管理，分级核算"的形式。在管理责任中心的财务模式上，有的高校会设立统一的财务核算部门和独立的预算部门，有的高校会设立各自独立的财务核算部门与预算部门。无论哪种设立形式，都能做到统分结合，优势集中。

基于对预算责任中心的管理，高校为包括行政、科研、服务、教学、其他在内的五个不同的管理层分别设立一级预算管理责任中心。其中，行政责任中心由多个具有行政管理职能的部门，如校财务管理部门、学生管理部门、校行政管理部门、离退休管理部门、人事管理部门等组成；科研责任中心由学校科研单位与科研管理部门组成；服务责任中心包括图书馆、保卫处、后勤管理及其服务部门、计算机中心等服务于全校师生的部门；教学责任中心由教学管理部门与为完成教学任务服务的部门；其他责任中心指不包含在上述责任中心范围内的部门。二级预算责任中心就是这五个一级预算责任中心所统领的下属部门。以部门业务为主要依据，对责任中心做出合理划分和预算管理，有利于明晰高校各部门的管理责任，统一管理方式，整合和重新配置各类资源，有助于预算业绩评价工作的顺利展开。

为了保证全校预算管理有效、高效、顺利地实施，高校可在预算责任中心管理模式下，设立会计核算部门与独立的预算管理部门，使其预算管理组织体系得到完善。

1. 在管理一级责任中心设立预算管理

在高校管理中，为了强化预算管理的作用，委员会统筹管理应由行政主管带头组建预算管理委员会，吸收各分管责任中心的财务处处长、校内预算管理专家、总会计师、副校长、各责任中心财务主管、审计处处长等为委员会成员。在预算管理委员会中，专家学者代表一定的民意，同时凭借深厚的专业素养发挥"智库"作用，围绕预算管理工作的内容与方式等为高校提供创新性、研究性的建议，以充分地发挥出高校管理的作用。预算委员会作为高校预算管理的最高权力机构，集多个部门职能（如预算的分析、制定、控制、审批、审计、评价、执行）等于一体，归属于行政管理部门，以学校的收入预算和整体发展规划为依据，向各责任中心分配资金计划，在保证预算整体平衡的基础上审批预算草案，从宏观角度上对各责任中心的运作进行协调，设置科学合理的考核指标与奖惩制度。

2. 各责任中心设立财政主管和预算管理

为了有效实施预算管理，各责任中心应设立财务主管和预算管理专员。财务主管负责分配预算资金，利用审批权限，通过限制预算资金报销来控制预算，保证预算考评结果。责任中心预算管理专员工作于财务处，隶属于责任中心。

3. 明确财务处的预算管理职责

高校设立一个财务支出机构，即财务处，其主要职责包括学校的财务管理、日常会计核算、监督财务预算的实施、编制财务预决算报表、评价预算项目以及考核、分析、总结财务预算的执行情况等。财务处在预算管理过程中，应对预算执行情况有深刻的了解和把握，能及时、积极在领导决策时向其反馈信息，提供依据，调整不合理的预算编制方案，控制预算的执行方向。

财务处内部设置两大科室，分别是综合预算管理科（以下简称综合预算科）和责任中心预算管理科（以下简称责任预算科）。在预算管理组织体系中，由综合预算科统一负责管理各责任中心的预算管理情况，编制其收入预算，将责任中心的相关资料与支出预算汇总到责任预算科，同时编制和汇总预算草案，向预算管理委员会提交审定。综合预算科还应负责定期考核各责任中心的预算执行情况，向预算管理委员会上报。责任预算科应分派预算管理专员到各责任中心，基于各财务主管制订的资金分配计划完成预算编制工作，实时了解和分析各责任中心执行预算的详细情况，对其实施合理的预算控制，即各预算管理专员负责对接各责任中心财务主管的各项财务工作。

4. 各部门自行编制申报，建立预算各级责任制

将编制预算工作由以往的财务处转移到各责任中心完成。高校的各责任中心应在明确下一年度工作重点的前提下制订资金计划，并将相关的预算编制工作交给下属各部门完成。各部门单位应结合自身的资金计划与特点，对预算进行统一编制，交给财务处责任预算科汇总，再由责任中心财务主管审核后，由综合预算科汇总和编制预算草案。高校的这种层层提交预算方案的做法能强化高校相关管理者对预算的重视程度。对于财务部门改变预算的想法，高校财务预算管理应给予关注和重视，积极采取好的建议和调整方式，为高校预算管理工作的开展打开新局面。

推广高校责任中心预算不仅可以对学校各责任中心分配有限的资金有一定影响，而且可以对资金在各责任中心内部的分配产生间接影响，导致一些部门为了利益争夺资金，均拒绝调整各自的经费需求，从而带来预算编制方面的困难。对此，预算管理委员会应积极协调争夺各方，立足全局，主动向学校制定的远景规划让步，在对本部门经费情况形成充分了解的情况下，将下一年度工作重点确定下来，同时提交经费使用计划书与详细的论证报告，合理分配各部门之间的资金用度。

5. 发挥审计部门的监督职责

高校的审计部门应参与财务预算的编制和执行的审计监督和评审，并向预算委员会汇报监督和审计结果。为了在高校管理中寻求平衡，既有分权制又有统一管理，可以按照预算责任中心的原则设立预算管理组织机构，改进预算管理流程，有效结合统一管理和分权管理的优点，在集中权力的同时有利于各部门发挥所长。

（三）利用互联网实时监督预算执行情况

高校可以利用互联网的优势，可以开发经费使用查询系统，使各级责任中心随时通过互联网查询其预算的实时执行情况。这样的查询系统有助于责任中心掌握和控制预算经费，防止浪费和舞弊现象的发生，提高部门预算的约束力。

经费查询系统不仅要对各责任中心提供的会计账务数据进行实时更新，而且要增加如支出完成率、收入完成率等实时横向比较指标，从宏观上帮助责任中心财务主管更明确、更具体地了解经费收支情况。

二、健全与国库集中收付制度改革相衔接的预算管理措施

现行国库集中支付制度给高校的预算管理带来了一系列挑战，其中主要问题是资金使用受限。为了解决这一问题，建议采取以下措施。

（一）编制资金使用流量滚动预算

编制资金使用流量滚动预算，即根据实际需要按月编制预算，以适应资金拨付的时间。

在国库实行集中支付制度后，鉴于国库按时间拨付资金，同时高校拥有的经费有限的情况，高校各部门工作的开展都受到了不同程度的影响。为了与这一改革形式相适应，高校各部门应在编制支出预算时，同时制订经费使用计划时间表一同提交，采用按月编制滚动预算的形式，由财务处对各项文件资料进行汇总，并对经费的使用时间进行合理分配，同时将申请和使用经费的相关材料提交到国库，以保障各部门正常发放工资等，使学校财务工作在得到规范的同时，工作效率也明显提高。

（二）加强国库集中收付网络信息系统建设

加强国库集中收付网络信息系统建设，提高信息系统的效率和准确性。

国库改革集中收付制度的工作需要在银行、财政与国库等多个部门通力协作配合的情况下得以顺利进行，该项工作具有一定的复杂性与综合性。计算机网络系统的建立是该工作中的重点内容。

建立计算机网络系统，实现银行、财政、国库与各支付部门之间的网络资源共享，达成各方共享资源、相互制约、相互监督的局面，促进工作效率有效提高。与此同时，应围绕财政部门构建财务信息处理中心，利用现代信息技术网络将财政部门的政府采购部门、国库收付中心、各大商业银行与各预算执行

单位联系起来，满足实时、异地统计，以及查询、管理、分析、监督和资金结算等要求。

（三）细编收支预算，完善预算管理

细化收支预算，更加精细地编制预算计划，以助于预算管理的精确掌控。完善预算管理机制，加强预算执行过程的监督和控制，确保资金的有效使用。

一方面，在国库实行集中收付制度后，原本对支出总额的控制变成了对每笔支出的控制。预算控制的这一变化对预算支出的合理性做出了强调，同时使预算更具约束性。在该制度的要求下，各项支出必须按照提交的经费使用计划、预算指标严格执行，预算执行此前具有的随意性大幅降低。高校没有做出科学合理的预算编制和管理是其经费使用被制约的主要原因。高校只有对预算编制工作做出合理安排，对预算管理进行适当的细化和强化，构建科学的指标体系与预算定额，将预算尽可能细化，设立项目库对专项支出进行严格、科学的管理，保障做到专款专用，在明晰的预算基础上安排所有的资金支出，才能在资金使用上有更大的主动空间。

另一方面，作为一类经费分配导向，支出预算应以收支平衡为重要前提和基础，划分成发展性经费、机动经费、维持性经费与重点经费四个大类，通过对比和分析历史资料，基于学校重点投资方向与整体发展方针的指导，邀请各责任中心共同进行预算编制。在进行支出预算的编制工作时，应遵循"先急后缓、勤俭节约、保证重点、统筹兼顾"的原则，做到实事求是的同时，树立超前意识，根据对学校中、长期发展规划及年度工作计划做出充分研究，在充分考虑学校资本性预算与经常性预算的情况下，保证学校顺利实现其前瞻性发展目标与日常开支目标。

三、健全与财政收支分类改革相配套的高校预算科目体系

预算控制工作的开展需要将各项经费的预算控制指标准确下达到各职能部门或项目，这需要预算核算科目体系的帮助。然而，我国高校现行的预算管理科目体系尚未制定统一的标准，也没有相关的明确规定。高校现行的会计核算科目体系与该体系截然不同，因此无法汇总两个体系总结得出的数据，也无法通过二者对预算的执行情况进行对比分析。在预算执行过程中，高校在没有核算科目的情况下实施预算管理，就无法得到真正有用的结果。如何建设预算科

目体系，为高校预算控制提供有力依托，对预算收支情况进行有效的管理就成为需要我国广大高等学校共同解决的问题。

对此情况，高校可以以会计核算科目为基础，借鉴政府设立收支预算科目的理念，对预算科目体系进行设计与建设，为预算控制的实现创造条件。

（一）设置高校校内总预算收支科目

将总预算支出科目设置为"预算分配"，总预算收入科目设置为"预算收入"，经费结余科目设置为"预算结余"，并符合恒等式：

"预算收入" − "预算分配" = "预算结余"

其中，"预算收入"科目用于核算高校预算年度内的各项收入的预计金额；"预算分配"科目用于核算高校预算年度内的资金支出安排及分配金额；"预算结余"科目用于反映预算收入预算期末未分配的金额。此外，另设置"预算调整"科目，用于核算预算调整，实施预算指标的再归集和再分配。

（二）设置预算收入科目及二级科目预算

高校的收入科目按照政府收入分类科目体系的理念进行设置，二级科目根据收入来源进行划分。在政府收支分类体系中，高校的收入主要体现为"非税收入"，但高校有多种不同的收入来源，如政府拨款、学费收入以及科研方面的收入等。其中，委托培养费、住宿费和学费都属于要向政府财政专户上缴并会返还的非税收入，这部分资金需要准确预估上缴数额并上报，因此，在预算科目上，高校应将其单独分类列出。高校应设置的二级预算收入科目为六个二级科目，分别为财政拨款、非预计收入、非税收入、捐赠收入、科研收入、其他自筹收入，三级科目设置在这六个二级科目下属。

财政拨款指上级主管部门的专项拨款收入与经常性拨款收入，其下设置的明细科目包括各类专项拨款、经常性拨款等。

非预计收入指年初阶段无法预计的学校收入。各高校可基于对本校特点的了解对下级明细科目进行设置，并在预算管理体系中清晰反映收入结构。

非税收入指学校收取后要向国库上缴的事业性收费，包括委托培训费、学费以及住宿费等。

捐赠收入指在年初时，高校预计本年内获得的捐赠收入。

科研收入指高校非上级主管部门获得的收入，其中包含企业支付高校的科研资金、其他政府部门拨付的科研经费，其他第三方购买科研服务或资助高校开展科研活动等支付的资金，如国家社科科研项目向高校提供的经费资助等。

其他自筹收入指由高校收取但不用向国库上缴的资金，如二级单位缴款、经营收入等。

（三）设置预算分配科目及二级明细科目

在高校预算管理中，预算分配是其重点内容。面对当前有限的经费来源，高校必须严格细分和控制预算支出，同时努力将资源最大化利用，提高资金使用效益，这要求构建一套能将预算分配科学反映出来的、较为健全的科目体系。人员与公用两个方面的经费支出是原教育事业性经费支出的两个主要部分。其中，人员经费支出包括补助工资、社会保障费、基本工资、职工福利费、助学金、奖学金、贷学金、职工福利费。公用经费支出包括设备购置费、业务费、修缮费、公务费、其他费用。这种经费支出没有完整、明细的经济分类，细分程度还有待进一步提升，以达到国库集中支付与部门预算要求。

借鉴政府的经济分类体系与支出功能分类体系，在"预算分配"科目下设置二级科目，以反映高校的功能性质。对高校各部门的职能类型进行划分，可总结出六大类：行政、教学、后勤、科研、财务以及其他事务职能。高校应按职能设置预算分配的二级功能科目，与此平行设置支出经济分类明细科目。按照工资和福利支出、商品和服务支出、对个人和家庭的补助支出、国家发展改革委基本建设支出、其他资本性支出、对附属单位补助支出、经营支出、债务利息支出、债务还本支出、预留机动十个方面进行经济分类，并设置明细科目。通过按功能和经济分类编制支出预算，不仅能够清晰地了解预算安排情况，还便于统计，避免了资源重复投入的情况。通过支出功能分类和支出经济分类，预算分配科目形成了一个纵横体系。

第二节　细化预算管理内容

在制定高校的预算管理模式时，需要根据内部业务的类型和经营特点制定预算，以确保预算管理覆盖到每个业务和费用项目。

一、逐步编制详细预算

我国高校的预算编制工作大多是在财务部门主导和各级业务部门的协调配合下完成的。各级业务部门在其中发挥了非常重要的辅助支持作用。为了避免双方因对信息有不同的理解而产生矛盾，财务部门应详细、主动地将具体的预算编制要求介绍给各业务部门，并积极了解科研、教学、基建等业务部门的具体流程以及出现的新情况、变化和需求。同时，各业务部门也应主动向财务部门反映业务活动的新变化和新需求。只有在获得各业务部门的信息后，财务部门才能科学地编制与实际情况最接近的校级预算。在专项资金使用和管理的全过程中，通过深度融合业务和财务部门，贯彻内部控制的要求，对财政专项资金预算编制的科学性进行有效强化是至关重要的。

因此，可以从以下两个方面简要分析如何有效强化财政专项资金预算编制的科学性。

首先，为了有效避免各业务部门随意增加支出名目，造成对高校专项资金的浪费，资产管理部门应根据当前资产的数量、使用状况和毁损情况，确定购置增量并加入预算购置清单。这种做法可以有效减少或杜绝资产的浪费和闲置，将资产的利用效率有效提高。与之类似，人力资源管理也可以使用这种管理模式，在充分了解和把握校内人员现行配置情况的基础上，以查缺补漏的方式针对缺人岗位引进人才，从而避免人力资源的浪费和工作疏漏，并提高人员的工作效率和积极性。在资源有限的前提下，尽量减少增量而盘活存量是提高资源效益的重要途径。这可以通过将一些校内资源向校外开放使用来实现。因此，为了有效管理资产，需要率先实现业务和财务部门的深度融合。

其次，针对有巨大金额且具有特殊性质的项目，高校可设立专门的专项资金预算小组，保证有合规的操作与稳定的收益，从而进一步提高高校专项资金的使用效率。例如，对于大额、专项的固定资产，高校可以成立特定项目组，对预算与购置方案进行统一的讨论、批复和复核，为进一步完善预算与购置方案提供便利。归口管理部门应在之后对预算与购置方案进行多方面的审核，避免发生资金浪费的情况。

二、严格按照规定执行

为了加快专项资金的执行进度，高校需要建立一套符合自身情况的有效的专项执行动态监控机制。在执行期间，高校可以定期召开会议，讨论执行过程中遇到的重大问题并共同解决；高校也可以约谈执行进度缓慢的项目负责人，了解问题所在并共同寻找解决方法，以促进项目的顺利推进。

在项目执行过程中，项目负责人不仅要关注执行进度，还要重视绩效目标的完成情况。建议实行"双监控"机制，即同时关注项目执行进度和绩效目标的完成情况。为了获取绩效目标完成情况，采用问卷调查、定期核查、定期提供绩效报告等方式，或者对绩效管理系统总结的数据进行实时分析，对绩效目标完成与项目执行进度的匹配程度给予重点关注，一旦发现偏差立即纠正，以保证按时完成项目和实现绩效目标。

对于出现在高校专项资金执行过程中的监督管理力度不足等现象，可借助信息共享技术与大数据技术搭建信息化监督平台，更严格地监管专项资金的整个执行过程。该平台解决了传统审计具有滞后性的问题，能够在全过程中对专项资金实施动态监控。它不仅提高了高校专项资金过程监控的有效性，还有利于及时发现和纠正问题。此外，与传统审计相比，该平台避免了事后审计的不准确性，并有效防范了高校专项资金执行过程中可能出现的问题，提高了专项资金管控的安全性。

第三节 加强信息化平台建设

为了在高校预算管理中充分利用信息技术的优势，需要进行技术创新并提升对信息技术的重视。管理者应在理念上加强对信息技术的认知，确保技术创新水平不断提升，以促进财务管理和预算管理工作的顺利进行。在高校预算管理中，可以将预算公式和各种指标输入会计信息系统，通过数据对接实现自动化的数据上报。此外，预算编制模型、调整模型、分析模型和执行模型也可以输入到系统中。通过财务管理信息化系统的预算管理模块，根据设定的目标，系统可以自动完成预算编制、预算分析等工作，并根据需求制定滚动预算。通过合理设置预算功能，高校领导层可以监督预算执行情况，并根据反馈信息进行管理。预算管理模块形成了一个从预算目标到预算管理的循环过程。

此外，高校还应加强各个分支机构和财务管理中心之间的信息系统联系，实现信息共享和有效管理，以优化财务管理流程，提升财务流程的科学性，并提高业财融合角度下的预算管理能力。

一、统一信息系统

预算管理离不开大数据技术和智能财务的支持。大数据时代的便利之处在于能够快速将数字转化为数据，将数据转化为信息，这对决策者和管理者来说非常重要。通过综合运用数据，最终实现将数据转化为信息并用于决策和管理的目标。大数据技术的运用可以大幅提高决策的便捷性，使管理者能够更好地利用信息进行决策。因此，在预算管理中，充分利用大数据技术和智能财务的支持，将数据转化为有用的信息，对决策和管理起到积极的作用。

新时代下的大数据管理，需要从外部、内部的各种来源中，获取电子类、纸质、文字类或者非文字类的各类信息，为了真正做到动态管理，其来源与形式均不受限制。为实现业务系统与财务的无缝对接，高校各部门应统一起来，建立信息系统，并要求所有管理单位统一使用该系统办理同类业务，如薪酬管理系统、成本管理系统、人力资源管理系统、物资收发存、合同管理系统等。要求最大限度地降低系统的后期维度难度和使用过程中的对接难度，便于学校各部门人员使用。

高校的预算管理应高度关注各部门操作和使用信息系统的便捷性与简易性，制度规定应尽量做到言简意赅，避免无效、冗余的信息，提高工作效率，立足务实的角度，通过建立和应用信息系统促进高校稳健发展。

二、搭建沟通平台

随着科技的发展，采用财务共享模式，可以实现线上办公。在线上处理财务方面的工作时，无论是开始阶段要进行的业务审批，还是最后阶段要进行的财务复核报账，都可以通过远程化、电子化的办公方式实现；在线办公的业务人员即便与资金支配人员、财务处等之间存在遥远的物理距离，也不影响工作的正常进行。在此基础上，高校可以整合各财务系统与各部门的业务系统，搭建统一的沟通平台。高校可以围绕线上的系统办公平台，开通对应的手机 App 版本，为广大业务人员打造便捷的全时段即时通信体系，保证各方业务员办理人员能及时进行双向沟通。财务部门具有高度综合性，需要先整合优化各部门提供的数据信息。然而，如果各部门之间的业务执行流程相互脱节，且执行流程仅局限于部门内部，就会导致各部门成为信息孤岛，这样就很难再整合全校业务形成闭环管理的模式，导致资金流、财务流、业务流无法同步，财务部门也无法将各业务部门的问题及时反馈出来，从而不能在真正意义上实现业财一体化。因此，高校应基于现有的信息化基础来整合各部门原有的信息系统就十分重要。高校应在信息系统中输入财务与所有业务的特殊需求，尽可能使大部分部门的使用需求得到满足，将信息系统的沟通作用充分发挥出来，提升专项资金的使用效率。

由于高校内各部门的出发点不同，各部门对业务、财务的认识角度不同，形成的认知印象也各不相同。因此，为了在高校业财一体化方面快速发展并取得突破性进展，首先，高校必须在资源配置、人员配备、管理制度等方面，对不同部门的理念进行协调，在各部门能力与地位动态变化的过程中找出平衡点，并维持平衡状态。其次，高校应采取某些手段促进各部门的交流与互动，顺利融合各部门对业务与财务地位的不同认识。例如，高校可以选择一些有较多核算工作或比较重要的业务部门，设立财务岗位，同时在财务部门中设立专门的业务岗位，如管理会计、成本会计等。最后，为了使各部门之间更具协调联动性，高校可定期在部门内部组织人员轮岗学习活动，帮助业务人员进一步了解和熟悉部门业务；部门之间也可以多组织部门成员互相沟通与学习，以通过取长补短的方式实现双方共同进步。加强高校内部业务与财务部门之间的协调联动性，意味着高校的业财融合要在一定程度上取得突破性进展。在高校业财融合的过程中，校园信息化平台提供了强大支持，不仅冲破了时间、空间、交流方式、交流成本方面的信息壁垒，促进业务与财务部门的沟通，而且有机融合了财务与业务信息，真正推动了双方数据的有效转化，为高校发展决策提供了服务。

三、构建智慧财务服务平台

构建智慧财务服务平台，采用"大平台、小应用"的设计理念，依托互联网，集成项目管理、预算管理、事项办理、会计核算、票据管理、财务决算、薪资管理、收费管理、资产管理、采购管理、内部控制等各项业务活动，通过将业务流程、财务会计流程和管理流程有机融合，构建智慧财务服务平台。

该平台对包括预算管理改革、内部控制、专项资金项目库、管理会计、绩效评价、政府会计改革在内的各项制度与理念进行整合，重新构建高校财务信息化系统，将信息流、财务管理的资金流、业务流与学校的行政、教学、后勤、科研等业务融合起来。在业务实现的过程中，数据将自动进入财务业务流程，进行自动化、智能化流转，财务工作由此真正实现自助化、移动化、智能化。这类智慧财务服务平台具有以下特点。

（一）始于预算、终于预算的财务平台

该平台以预算为主线，逐渐构建预算全流程绩效评价体系，将从编制预算到执行、决算和监督的整个过程中纳入绩效指标，将预算对业务所具有的引领作用充分发挥出来，保证高校各项业务活动在做好预算编制后再开展进行，并时刻监控业务实施过程中的预算执行情况，在完成业务活动后开展对应的预算绩效评价，从而真正做到科学化、长效化、规范化的预算管理。

（二）一体化的财务共享服务平台

该平台实现了高校财务处内部的一体化，如预算、会计核算、收费、工资、决算，解决财务处内部对接、对账的问题。该平台实现了学校级别财务相关业务的一体化，如采购、资产、合同、科研、人事、教务、学工、后勤等业务系统与财务的一体化。共享数据可为全校师生以及主管单位提供实时且定向的财务数据服务。例如，主管部门需要的预算决算信息、预算执行情况、审计数据等数据；学校领导需要的财务相关决策数据、经济事项绩效等数据；学校管理部门需要的科研、教学、后勤支出情况等数据；教职工需要的科研项目信息、薪资、个税、社保、补助等数据。

该平台可以直接对接差旅平台、打车软件、银行、电子票据系统等，实现直缴国库等功能。

（三）一体化财务平台

目前，高校各业务处理室系统之间保持相对独立的状态。当需要跨业务获取其他系统中的数据时，通常需要软件供应商为业务操作人员提供和安装对应的数据接口，借助中间库交换部分数据。但这种方式只能交换小部分数据，并不能实现业务与财务两类工作在信息流、资金流以及业务流方面的数据共享与流程联动。为了实现业财融合，需要建立财务与业务工作的紧密联系。

以职工住宅的水电费为例，财务处可以通过自动扣费的方式收取职工的水电费。当自动扣费失败后，系统会将缴费提醒发送给职工，同时向水电费管理系统发出控制设备断水断电的指令。职工缴费成功后，财务系统自动扣费并将继续送水送电的操作指令发送到水电费管理系统，继续向职工住宅供应水电。

（四）构建高校智能内控财务平台

高校智能内控财务平台基于先进的信息技术，如云计算、大数据和人工智能等，依据各岗位的权限范围、会计核算流程、审批程序和相关业务职责，打造出一个全面的、前瞻性的、自动化的财务管理系统。该平台覆盖了高校财务管理的各个方面，如预算管理、项目管理、科研管理、资产管理和合同管理等，能够实现从人工到信息化的转变，从而降低风险，提高效率。

（五）在高校实现财务服务的智能化

高校财务平台依托先进的信息技术，将财务机器人、大数据、移动互联网和物联网等技术融合，实现财务管理的智能化。例如，通过光学字符识别（Optical Character Recognition，OCR）技术，教师可以快速扫描和上传票据信息，系统自动生成财务凭证，使得报销流程更加便捷。另外，通过人脸识别、二维码扫描等多种方式，财务流程得到进一步优化，大大提高了高校财务工作的效率。

（六）推动高校财务会计向管理会计的转变

当前的会计制度改革要求财务会计向管理会计转变，高校也不例外。通过财务信息化平台的建设，将与财务相关的人员、资金、资产、教学、科研等方面整合到一个平台中，通过业财融合和一体化的理念，重构财务和业务管理流程，从而实现高校财务工作的转型，提升管理效率。

（七）利用智能化技术提高高校财务工作效率

高校财务平台的内置智能财务机器人，能实现财务数据的互联互通，全校各部门均可以方便地使用。它能够实现自动对账、影像化管理、自动生成电子票据与凭证、自动核对等功能，使财务人员的工作量得到了大幅减轻，工作效率得到了显著提升。

四、AI 技术应用

新一轮人工智能（AI）技术的发展呈现出数据规模增加、计算能力增强和行业应用能力提升等显著特征，它与大数据、云计算、区块链等一起构建的新一代技术大背景成为时代的最亮色。通过检索维普数据库和知网数据库，对有关研究财务领域 AI 的应用情况进行比较后发现，目前高校还不是 AI 技术应用与研究的重点领域，国内 AI 在财务领域的应用时间也极其短暂，财务与 AI 的融合尚处于初步阶段，应用场景有限。但从长远来看，AI 技术在财务领域应用研究的总体趋势是国内外各行各业都在竞相应用，已在过去长期低位徘徊的基础上呈爆发式发展。因此，AI 技术势必会对高校传统财务工作形成明显的冲击，未来 AI 在这方面的发展和应用潜力将是巨大的。

（一）AI 技术赋能应用的现实优势

高校作为高素质复合型人才的聚集地，财务应用研究和实务工作方面的专业和人才优势明显。在"双一流"高校建设背景下，高等教育作为一项准公共产品，虽然经费总量增速放缓，但财政投入总量依然庞大。同时，在兼顾公共支出、学科发展和人才引进的基础上不断提高资金使用绩效，实现资源精准分配也已成为共识，而 AI 技术在这方面的特性无疑可以发挥重要作用，有助于财务管理实现质的飞跃。

新一代 AI 技术的发展成熟将极大提升高校财务精准化水平和决策反应主动性，更有利于及时把握校园内不同群体思维感知、决策认知及心理变化，全面提升高校管理现代化的能力和水平，其优势主要有以下几点。

1. 提升服务品质，进一步增强用户黏性

通过智能分析高校多维大数据，AI 算法可以基于用户访问记录、业务类型、网页浏览等历史数据以及用户实时状态和情绪反馈，实现将用户行为与兴趣标签进行匹配，从而实现一对一的精准化服务和产品推送。对于解决高校线下手工作业步骤较多、财务工作中作业链较长、凭单信息内容填写多以及要求严格等问题，AI 技术通过智能咨询、筛选、引导高校财务业务办理，提升师生报销服务体验的愉悦度。诸如此类在财务业务办理过程中的智能应用，让高校不同层次的使用者有了全新的体验，增强了高校财务服务的品质和黏性。

2. 应用自助终端，进一步保证信息可靠

随着 AI 技术的发展，高校许多财务设备向银行自助终端的类似功能过渡，以智能机器逐步代替传统财务人员。AI 按预先设定的程序准确运行，实现了财务核算自动化，大幅降低了错误率，增强了财务信息的可掌控性。同时，AI

拥有庞大的计算能力，可以像"永动机"般不停地学习、处理分析高校财务工作中遇到的烦琐、耗费时间的问题，将会计人员从烦琐、重复和机械的体力劳动中解放出来，缓解了高校财务部门面临的人力短缺问题，减轻了工作强度，也保证了信息的真实性和可靠性。

3. 推进工作转型，进一步满足管控要求

新一代 AI 技术发展引发的链式突破，推动经济社会各领域从数字化、网络化向智能化加速跃升，有利于在 AI 时代加快实现转型。近年来，随着国际、国内形势的变化，在少聚集、少接触、少流动的前提下，如何有效开展高校财务管理工作，处理好各项财务业务，增进财务沟通，建立和谐财务关系、值得高校财务同行深思。利用大数据以及 AI 的技术优势，将 AI 技术与传统业务相融合，将 AI 技术渗透到财务服务的各方面，使得财务业务的网上流转更加高效便捷，很好地规避了接触性传播带来的风险。

4. 实现高效低耗，进一步加强业财融合

相对于传统会计，AI 通过自动化的方式记录原始凭证，大幅减少人工输入量，而且结果客观、准确，不受主观感情因素影响。尽管前期购置成本较高，但是后期运维成本低廉。从长远角度看，AI 具有极高的生产效率和较低的生产成本，能够充分利用长尾效应，打破规模经济和既有模式的限制。通过智能终端，高校教职工可以接触到海量的大数据资源和相关财务数据信息，自动筛选并以极低的成本匹配到最佳的需求的产品与服务。在此过程中，原有报账程序直接被信息交换及 AI 系统取代，业财融合将大幅提高工作效率。

5. 支持决策预测，进一步增加数据价值

利用 AI 高效整合高校各类数据，基于大数据自主分析支持财务决策，既可以有效降低时间成本，也利于数据信息决策实时化。在财务管理中，AI 还对传统核算流程进行改进，实现了远程处理、审核和报账等功能。通过简化财务规则和及时提供财务信息，AI 使复杂的财务管理变得简单化，并为财务人员提供了必要的依据，以支持其正确地进行决策。

此外，通过与高校财务内外部相关信息的互联共享，既能满足高教改革和教育信息化发展对数据公开透明的要求，又能最大化提高数据的综合价值。

6. 满足业务需求，进一步促进精准高效

鉴于高校财务业务需求具有个性化、多样化等诸多特点，AI 利用信息互联、

智能感知、数据挖掘、个性定制和充分共享的特性，推进管理服务、业务财务、客服一体化融合，最大限度地做到了精准感知、在线处理、智能决策和科学管理。数据模型构建依赖于海量财务和非财务数据，随着数据量爆发式增长，其中以往的经验信息逐渐增多，也为精准治理提供了依据。因为模型中运用的信息种类和数量越多，高校管理层进行财务预测决策就会越加精准，高校完全可以应用 AI 技术借力大数据，实现高校财务服务的精准化和个性化，向有需求师生提供点对点的个性化推送服务，做到即时信息集成、及时信息反馈。

（二）AI 技术赋能应用于高校财务的主要困难

目前，人们对 AI 的操作性、隐私性、数据真实性等方面还存在不少质疑，且随着近年高校教育教学改革的日益深化，办学资金渠道越来越多、办学环境愈加复杂，高校财务业务在应用 AI 等新技术完善治理方面也有着明显不足。具体来说表现在以下几个方面。

1. 快速适应危机能力较弱

面对突发的公共卫生危机，由于高校内部各信息系统较为分散，企业资源计划（ERP）、办公自动化（OA）、自助报销、资金、税务等系统关联度不强、集成度低、用户体验差，数据交互与共享功能缺失，这使得短时间内提升财务系统应急处置能力显得较为滞后。在事件驱动机制下，当高校财务系统面对某些社会形势的变化所带来的对传统业务模式的特殊冲击时，由于无法实时触发事件，业务流程也分散于多点，快速、准确地获取分析信息变得比较困难。加之 AI 技术应用的发展路径还不清晰，算法精度还有待提升，与实际应用关联度不够紧密等，都直接影响着高校财务系统应急处置能力的提升。

2. 数据采集获取效率低下

有足够的数据来驱动 AI 提升能力是 AI 获得成功的关键因素之一。高校财务的海量数据只有被全面、及时地认知和感知，方能保证机器训练所需的足够样本，AI 才会有价值。目前，高校财务数据的采集大多仍采取人工方式收集并经过整理再导入财务平台，非自动智能化生成。受限于以计算机为载体的系统硬件，在进行经济业务处理时很难做到同步、快速地获取相关财务信息。总体应用数据结构化程度低、逻辑不清晰、单据电子化程度低，高校各项经济业务难以通过人机协同和人机耦合实现自动批处理。同时，传统的高校财务数据多以非结构化方式存储，用户获取难度大、问题命中率低、即时性很差，无法满足实时解答需求。部分财务系统无快速指令智能支持，用户查询界面输入复杂，缺少低成本、高效率、低门槛、高移动性的信息采集扩散渠道。

3. 数据价值挖掘还不充分

AI 的健康发展离不开场景应用，具体场景依赖于数据环境支撑。但现在不少高校数据平台仍未全面联网，数字化进程缓慢，与财务数据信息相关的供应链不匹配，整体数据资产架构规划与大数据资产管理手段缺失，同时数据存在分散和不规范等问题，导致构建数据过滤模型成本过高，智能设备应用更新换代缓慢。

此外，高校内部各系统标准度不高、智能度不强等问题，极易造成不熟悉操作的人员对技术外包的高度依赖；新用户应用角色、使用权限等配置的复杂性，也会导致一些财务人员无法在短时间内快速掌握智能系统的使用，使财务与非财务数据之间的关联度遭到削弱，数据的经济价值难以得到充分挖掘和体现。

4. 经济技术门槛较高

AI 作为信息技术的发展前沿，其本身拥有高新技术的所有特点。从技术角度来看，技术复杂、起点高、潜在技术风险大；从经济角度来看，前期一次性投入大，后期短时期内收回成本的可能性较小。从应用的角度来看，虽然 AI 在高校财务领域的应用前景很好，但落实到具体项目或内容上，往往很难迅速取得直接效益。在 AI 应用初期，人们曾经一度认为机器人是低成本的，但实践证明，AI 是高投入、高产出、以高产出冲淡平均成本的一种模式。

此外，AI 技术应用于高校财务领域还有其特殊风险，实际应用相比其他行业领域更为初级，经济技术风险更大。

（三）AI 技术赋能财务智慧升维

AI 技术的嵌入在提升效能的同时，进一步拓展了高校财务治理的向度和维度。因此，高校财务智慧升维既是内部治理现代化的客观要求，也是推进高校财务智慧高质量发展的必然选择。立足升维角度，其本质还是用更加接近真实、接近本质的治理取代原有管理，通过对管理维度质量的提升来整体解决系统效率问题。在此视角下的 AI 应用，结合 20 多年高校 ERP 发展、10 多年财务共享中心建设和近年智能技术应用探索，将从更高维度赋能高校财务，实现智慧新飞跃。

1. 明确发展转型新方向，树立智慧开放应用新思维

无论是为了增加价值、加强管控、提高效率，还是为了避免危机事件对高校发展、社会治理可能的风险影响，应用 AI 技术赋能高校财务治理都是必然的方向。AI 并不是简单地用机器取代人脑，智能化也不等于智慧化，而是人机协同互相配合，用机器智能释放人的智能，让人智在社会治理、高校发展过程中更好地发挥作用。其核心思维体现在更有效率、更规模化地满足多样化需求以促进生产力的提升，以数据为驱动力，持续自动从数据中挖掘知识、学习知识，并通过自主探索在新的维度上创造新的价值。

因此，高校财务部门人员要转变自身思维方式和理念，具备新的管理思维、战略思维、数据思维和业务思维，始终坚持用智慧贯穿财务业务全过程。智慧意味着赋予机器理解、感知和自主运动的能力，基于此，将更业务化、场景化、实时化的数据与高校传统的会计业务融合，逐步融入物联网、大数据分析，深入挖掘和应用内存多维数据库、分布式计算、数据可视化、智能数据分析、机器学习等技术，以数据为基础、以智能为赋能，以场景为落地，实现对财务数据自动可控地采集、治理、建模和开发，形成有针对性的财务大数据服务。

高校财务人员不仅要了解 AI 的发展状况，更应拥有对新一代 AI 技术价值的正确认识，具备向技术先驱学习的主动意愿，更积极地将新技术作为推动创新发展的内生动力。

2. 推动关键技术新升级，孕育数据持续驱动新动能

从传统会计到新财务、再升维到智慧财务，必然离不开相应的技术支撑。利用专家系统、人工神经网络、自然语言理解、机器学习、模式识别等共性关键技术的突破，AI 应用也可以在适合的财务信息化领域中移植成熟的技术。通过进一步简化高校财务系统的配置和提高部署速度，系统能够更好地应对突发事件。同时，提升智能财务系统的远程维护能力，采用安全可控的远程和版本化的维护方式，有助于减少支持人员无法到场的风险。这点尤其符合特殊时期特定的减少接触、聚集和流动的要求。此外，新一代 AI 的技术进步以及对行业普遍的推动作用还体现在使算法演化速度更快上，形成了大数据上的深度学习与自我锻炼的综合进化，促进了"大数据 +AI"的技术变革。对于高校拥有的海量数据来说，其所包含的信息从图像、声音等富媒体数据，到动作、姿态、轨迹等人类行为数据等，总量越来越大、维度越来越宽，这些数据都为 AI 应

用奠定了必要基础，也成为孕育智慧财务的天然温床。

高校应当瞄准有价值的财务关联信息或"全量数据"，进一步夯实数据赋能基础、优化数据赋能方式、建强数据赋能节点，从更高层次应用 AI 技术，使其数据高度融合，深度挖掘，在广泛利用中实现其价值的最大化。

3. 挖掘需求应用新场景，赋能业财融合发展新模式

应用场景是 AI 发展的主要驱动力，众多成功应用场景充分证明了一个道理：要提供更好的产品和服务，就应去发现新的需求，就应挖掘更多的应用场景。实践表明，技术支撑的有效落地一定还是基于需求的场景服务，也只有合理的场景才能实现 AI 技术赋能创新。

对于高校财务部门来说，根据实际需求和 AI 技术的应用成熟度，可以分阶段发展相关技术。重点优先发展 AI 识别类型的场景应用，并逐步推进基于神经网络技术和机器深度学习的财务场景应用。这样的发展策略将有助于高校财务部门人员更好地利用 AI 技术，提升财务管理的效率和准确性。AI 的应用要遵循"AI 重构流程，智能升维应用"原则，重点赋能传统财务与业务融合环节。

未来 AI 赋能高校财务的场景服务，可能主要体现在智能核算、智能治理、智能决策与智能评价四个方向。试想，在一定场景下，机器智能对票据进行自动识别、分类汇总、智能校验、自动付款；对于在控制活动中的不相容岗位和职务的分离控制、授权审批控制以及财产保护控制等方面可以引入指纹识别、人脸识别、视网膜识别、虹膜识别、掌纹识别等技术；在高校财务流程管控方面，可以利用 AI 语言识别、图像识别以及专家系统等技术，对数据进行合并统计、对业务逻辑进行关联度分析等。在这些应用场景中，高校财务与业务、客服、用户之间无缝连接，简化了传统业务处理流程，教职工日常消费和采购支付从下单、支付、对账报销都可以全程在线自动完成，在校园"系统通、数据通、业务通"的基础上，实现业务流、财务流和管理流的有机融合。

4. 依托智慧校园新平台，搭建适合行业需要

智慧校园是指高校利用现代信息技术，汇聚人的智慧，赋物以智能，使人、事和物真正有机地紧密地结合，基于海量信息和智能过滤处理所构建的校园信息化发展和治理新形态。通过把数据变成知识，使智慧校园成为改变校园生态链发展，提高治理水平和运行效率的强有力科技支撑。智慧财务则正是在校园智能化的基础上，深度融入人的智慧，融合新技术，将人、数据、单据和环境

等结合，以更好地向用户提供方便快捷的服务，使客户对服务品质更加满意。智慧财务的核心在于引入智能化技术，为高校财务部门安装一个具备智能处理能力的系统，使其能够及时获取、分析和应对相关信息，从根本上解决过去手续烦琐和资源浪费等问题。建立智慧财务系统的关键是解决整体布局问题。该系统应该是基于模型自主响应的全方位应用体系，利用互联网打造的一个集财务治理、科学预警、实时反馈评价等功能于一体的智慧平台。智慧财务系统的驱动力是新一代 AI 技术，它具有极高的存储能力，克服了人脑精力有限的限制，可以在线提供各种财务服务而不受地域和时间的限制。当高校的智慧财务系统能够自主感知、自动处理和自主优化反馈并不断循环时，财务的智慧发展就进入了新的纪元。

5. 适应危机应对新需求，打造品质服务智能新生态

AI 的场景应用功能的落地始终追求更加高效、更加精准的模式。新一代 AI 技术赋予了财务信息系统联网互动、自动执行、状态感知、判断决策等基本功能，尤其在面对庞大且迫切的线上办公需求时，能通过挖掘场景、科学判别与实时分析为系统的深度学习与自主决策提供帮助，还能进化到高效有序指挥阶段，具备科学决策、实时分析、状态感知、精准执行的功能。智慧财务场景应用在经历高阶演进后，能体现出财务工作与互联网技术、大数据、AI 等的深度融合，即前台应用 AI，可在财务成本降低的情况下，将更智能化、人性化、专业化的业务办理服务提供给用户，其办公效率及便捷度已超过面对面办理模式；在平台方面，在分析研判财务工作和识别目标用户方面，应用"大数据 +AI 技术"可以为决策提供专业的支持。将用户接触信息数字化，并在系统应用中自动整合有用的数据也是财务智慧的体现。智慧财务可通过各种机器人应用模式，如面对面交互、人机交互等，智能分类并结合高校的需求为其订阅财务咨询，提高财务信息推送质量，同时按照管理人员、教师与学生对用户身份做出精准分类，对其财务习惯与信用信息进行有针对性的挖掘与分析，向其提供更有效、更精准的服务。

第四节　构建完善的预算绩效管理评价体系

就高校预算管理而言，为了更有效地促进业务部门与财务部门的融合，应该对考核制度进行优化。首要任务是根据新的财务管理环境，将业务部门在财务管理上的反应能力、参与程度以及效果产出等作为核心因素，纳入年度考核中有权重的项目，这样可以激励业务部门更为积极地参与到对业财融合模式的实施中。同时，不能忽视财务管理部门的考核工作，以把财务部门的工作对业务部门的规模扩大和价值提高等方面的影响力为核心标准，将其列入财务部门的考核维度。为了更准确地评估，我们可以使用定量分析和定性分析等手段。

一、选择绩效目标

在设定绩效目标时，应围绕高校的发展计划做出全面考虑，在具体设计高校发展目标时，可借鉴关键业绩指标（KPI）的方式完成。KPI 是一种量化的管理指标，可通过设定、计算、抽样、分析组织内特定流程产出与投入的关键参数来评估绩效。这是一种将企业的战略目标分解为可以操作的目标的工具，是绩效管理系统的基石。KPI 构建了一个定量化和行为化的绩效评估和管理标准系统，对组织的目标具有增值效果，其关键在于实现绩效指标上的承诺，评估者和被评估者之间需要进行充分交流。

借鉴美国、英国高校考评业绩的指标体系，基于我国高校现行预算管理的具体情况，结合我国高校的发展规划与战略目标对业绩评价指标做出科学规划。根据责任中心的职能划分情况，在各个责任中心展开预算评价，由于各责任中心有不同的特点，所以应选取与之相适应的不同的业绩评价指标。可综合考虑产出、投入、结果三个方面，采用 KPI 的评价方式设计业绩评价指标。

投入型指标主要用于量化一个项目或服务所需的资源消耗，如人力资源、资金、场地和设备等。例如，教学责任中心可以设定如"每生教学经费""每生教学面积""每生教学设备"等绩效考核指标。在传统预算中，成本计量占有显著的地位。成本计量和业绩计量共同构成了绩效预算的两大支柱。要得到准确的成本计量，必须建立一套能够全面记录和分析成本的会计系统。

产出型指标是衡量预算期内提供产品与服务的数量、完成的工作量的指标，数量是其侧重对象，如管理责任中心设立的各种业绩考核指标有"自筹经费完成数""文件发布数""收入完成数""接待来宾次数""毕业生一次性人数"等。产出测算作为一种测算工具，常用于早期业绩预算，广泛应用于业绩考评活动，这是因为产出测算方法较容易获得数据，并且处于统一评价环境中时，它们通常不具备较强的刺激性与对比性。

结果型指标是衡量服务结果的指标，可用于反映高校投入资源后期望达到的目标，如科研责任中心设立的各项考核指标有"影响力文章发表率""国家级课程占全部课程数量比例""国际影响文章发表率"等；教学责任中心设立的各项业绩考核指标有"英语四、六级通过比例""考试合格率""其他国家资格证通过数"等；以及管理责任中心、公共服务等部门设立的各种指标。

结果型指标是绩效考核体系中尤其引人关注的部分，但它在数据收集上的困难以及投入与预期结果之间关联的复杂性，均使其分析具有挑战性。

根据各责任中心不同的特点和目标，应建立各自的考核指标，这样可以促使每个责任中心更专注于各自业务的发展和管理。过多或过泛的绩效目标考核指标不利于有效的管理，特别是在衡量产出级别时。设定绩效目标应该是在关键性领域中选择具有代表性的指标。例如，教学部门可以设立"考试合格率""英语四级考试通过率"等用于控制教学质量的指标，而管理部门可以设立多种关键绩效指标，如"预算支出控制比率""人才引进比率""师生比例"等。根据各责任中心的目标与特征，按项目或时间安排设置不同的绩效考核目标，或者以高校对资金的重点分配为依据进行设置。如果高校在当前年度没有形成良好的财政状况，则可以将绩效目标设立为增加部门筹资比例，以对预算管理形成有效引导。

强行统一的指标体系可能对高校的发展产生不利影响，可能会导致人力和物力的浪费，以及不能达到预期的考核效果。因此，高校在实际工作中应以本部门为出发点，设立关键绩效指标进行考核。

二、编制责任预算

秉承"权、责、利"相结合与财权与事权相一致的原则，高校各责任中心应在享受预算经费权利的同时，也应承担起合规、合理使用经费的责任。对比并分析权利与责任的履行状况，奖励预算执行情况良好的单位，惩罚因主观原因导致预算执行状况较差的部门。要想设立恰当的责任标准，这要求高校各责任中心先就经费的使用制定一份具体的报告，将之与预算支出草案一同提交到财务处，报告中要包含申报经费的原因、绩效责任目标、经费的使用时间计划、定量标准以及保证合规合理使用经费等内容。财务处收到这一系列材料后，不仅要编制相应的资金流量计划表与预算收支报表，而且要统计归总预算目标，向预算管理委员会提交统计结果并讨论决定。

对于设定预算期内的绩效责任目标这一工作，如果交由责任中心负责，很可能造成形式主义与自由散漫主义蔓延的情况；如果交由预算管理委员会负责，则会导致目标与实际情况脱节。对此，建议在责任中心与预算管理委员会协同合作的情况下设定这一目标，即采用"制定方针—责任中心上报—委员会讨论决定"的方式。高校在选择业绩考核指标时，应充分考虑各责任中心的职能与自身的未来发展规划，一旦确定业绩考核指标，就需要分析该责任中心在3年内的考核指标数据，从指标中合理选择最高值作为预算管理业绩考核指标的满意值，赋予最低值权重比例，不允许对最低值进行弹性设定。向各责任中心统一编制指标体系，各责任中心应将预算期内的各项考核指标作为业绩目标呈现在经费使用报告中，同预算一同进入申报流程。各责任中心应更明确阐述其对业绩目标的设定，再由预算管理委员会从整体层面对预算金额与业绩目标的合理性做出统筹考虑与决定。

三、采用有效的预算控制手段

预算编制完成以后，对于执行中的预算要注意控制，防止出现偏差，保证最后的预算效果。

（一）设置多段监控点

高校自预算开始执行起，应时刻关注和调控预算额度。采用计算机财务报账系统实施财务核算工作的高校，应按季度或月对一些日常经费预算的额度做出合理控制，这种做法有利于高校对资金流量与预算执行程度进行合理控制，同时还能加强监管力度，杜绝经费突击使用的情况发生，使经费的使用效率得到有效提升，还有助于日后实施评价和权责划分。

（二）有效的分析机制

财务处应根据责任中心对各项经费进行统计汇总，并制成预算表。这包括基于新支出功能分类的功能预算进度表，以及基于新支出经济分类的经济预算进度表，虽然二者的统计口径不同，但总量需要保持平衡。编制预算统计表有助于进行事中控制和分析。在预算执行过程中，财务处需要关注实际经济情况与预算之间的差异，并将其比对结果通知责任中心预算管理科的预算管理专员进行分析和控制，这将有利于下一期预算的编制。

对于预算差异的产生，高校需要从多个角度进行分析和审查。

1. 账务处理是否正确

在财务会计核算时，应检查收入支出经费入账的时间、科目是否正确，和预算方案是否一致。

2. 外部条件是否变化

预算制定标准的变化会导致预算差异的产生。例如，在制定预算时，如果计划每个月为每个博士发放 200 元生活费，但在实际预算执行过程中，国家相关政策和文件要求每个月为每个博士生发放 1000 元生活费。又如，初步预算中预计购买 A 产品或服务，但随着技术的发展等，发现采购 B 产品或服务能更有效地节省资金并提高效率。这些外部条件变化引发的预算差异，可能是超支，也可能是经费节省。因此，预算管理部门需要对这些特点进行深入的分析，并提供适当的调整建议。

3. 内部环境是否变化

由于高校内部状况的不断变化，可能会出现一些在预算阶段无法预见的情况，如部门突然接收到非计划内的任务或原预期的预算程度不足以满足实际的时间和资金需求。因此，高校预算管理需要实时监控预算的执行状态，并定期进行分析，准确地找出导致预算差异的原因，并将其提交给预算执行部门进行控制。

四、进行合理可行的预算评价

高校预算业绩指高校开展预算支出活动实际达到的效果，能够反映高校的投入与产出在开展资源配置活动的过程中形成的比价关系。在一年时间内对高校各责任中心预算运行结果进行的评价与考核就是预算业绩考核评价，也是从总体层面上对预算管理情况做出的评价。预算业绩考核综合了对高校各项事业发展结果和高校预算支出产生的社会效益与经济效益的考评，需要通过考察全校各项指标，对预算投入与产出的效果做出衡量。预算评价结果会对高校来年编制与执行预算政策的出台产生直接影响。在整个预算管理流程中，预算评价发挥着十分关键、不可替代的作用。只有合理考核、科学评价预算的投入产出效果，才能避免预算管理流于形式，避免预算失去约束力和控制力。

高校应客观、准确、全面地描述高校预算执行效果和情况，并根据此前提交的经费使用报告考核预算目标，客观合理评价各责任中心的预算执行结果。这是高校考核评价预算业绩的最终目标。

在进行高校预算业绩评价时，既要考评高校的资源总量是否符合整个高校运行客观比例的要求，又要考评资源的使用效率是否最大化。这是优化高等教育资源配置的要求，也是完善现行的高校预算管理体系的内在要求。因此，高校应当采用科学、合理、有效的方法对各预算执行部门进行全面的评价。

part*8*

第八章

互联网时代高校教育

管理模式的创新路径

第一节　坚持以人为本的理念

一、以人为本的理念

以人为本就是要尊重人、理解人，一切从人出发。从高校教育管理模式的发展角度来看，以人为本的管理是高校学生管理工作的必然选择。高校教育管理要一切以人为本。高校教育管理的对象是大学生，大学生占据主体地位，所以要充分调动大学生的积极性、主动性，让学生广泛参与，这有助于高校教育管理工作的开展。在开展高校教育管理工作的过程中，要充分尊重学生，维护他们的尊严，注重对学生个人能力、兴趣、爱好的培养。高校教育管理工作以人为本的目的是实现人才的可持续发展，使其为社会贡献力量。

高校要注重人的全面发展，对人的全面发展进行投资。在学生的利益与高校的利益发生冲突时，要以人为本，以学生的利益为中心。在这个过程中，并不是一定要放弃组织的目标，而是要把人的目标融入组织的目标，即使人的目标成为组织目标的一部分。高校教育管理工作坚持以人为本的思想，也就是要调动学生的积极性、主动性。以学生为本，要求在高校教育管理中把学生的利益放在第一位，全心全意地为学生服务。高校树立以人为本的管理理念，在无形中会对学生产生影响，营造为学生服务的良好氛围。高校教育管理的各个层面，都要进行理念革新、工作创新、观念转变，由过去以教育者为主的管理模式转变为以学生为主的管理模式。高校的管理和教育等一切工作都要以大学生为中心，以大学生各方面的能力为基础，促进大学生德智体美劳全面发展。

二、实现以人为本的管理模式的必然性

高校是为国家和社会培养人才的主阵地，肩负着为国家培养社会主义事业的建设者和接班人的使命。高校教育管理工作和其他工作一样，追求的目标都是培养人才。所以，以人为本的高校教育管理模式适应时代的需要。人性化的管理模式是以德服人、以情感人，通过这种模式可以提高管理效率。以人为本

的高校教育管理模式注重学生的全面发展和自我能力的实现，尊重学生，使学生在精神上得到满足，所以这一模式能调动学生的积极性，使其全身心地投入学习和工作中，从而提高管理的效能。以人为本的管理方法注重情、理、法三者的统一，也就是教育人性化。以人为本的高校教育管理模式，要以学生为中心，即尊重学生的需求、尊重学生的能力、尊重学生的心理和情绪，这些都是高校教育管理者要考虑的问题。高校应为学生营造轻松愉快的氛围，激发他们的创造性和创新性，就必须采取以人为本的管理模式。第一，高校要转变教育观念。树立正确的人才观，要与人才进行互动，而不是一味地苛责和要求人才，要从人才的需求出发去考量。要不拘一格降人才，管理者培养人才要着眼于未来发展的需要。第二，在高校教育管理过程当中，注重提高管理者的素质，聘用那些具有人格魅力的管理者。我国高校不断扩招，办学规模越来越大，高校对学生个性的培养以及激发学生创新能力应加以重视。高校要转变教育理念，提升教师队伍整体素质。以人为本的高校教育管理模式，对管理者提出了更高的要求。学生和教师的共同发展，可以促进学校培养人才的目标的实现，这是广大学校所共同追求的目标。所以，以人为本的高校教育管理模式是我国高校的必然选择。

三、构建以人为本的教育管理模式

（一）加深对学生的认识

高校教育管理工作的管理对象是学生，重点也在学生，不管是学校目标的制定，还是教学方式以及任务的确定都要以学生为中心。高校要加强对学生的了解，加深对学生本质的认识，洞察学生发展中存在的矛盾。学生是独立的个体，与社会有着千丝万缕的联系，不可能孤立地存在。所以，高校必须了解学生，综合考虑学生的各种状况，重视学生在管理中的作用，从而提高高校教育管理的效率。

（二）营造以人为本的校园文化环境

校园文化环境是指学生生存其中、受其影响的外部因素之和，分为校园物质环境和校园精神环境。

人才的培养和养成是在一定的环境中进行的，所以环境对于人才的培养具有十分重要的意义。环境可以塑造人，也可以对人产生不利的影响；反过来，人也会塑造环境、影响环境、改变环境。因此，进行人才培养，就要使环境和教育协调统一。就高校环境而言，高校的文化环境对人才培养有着不可低估的作用和意义。

（三）构建以学生为中心的管理模式，实现学生自我管理

要想实现学生的自我管理，就必须实行"以人为本"管理模式，做到以学生为中心，一切从学生出发。因此，高校要做到以下两点：一是确保学生在学校的主体地位，尊重学生、爱护学生，激发他们的热情和创造力，使他们拥有自主权利；二是对学生负责，为学生服务，积极实践学生的自我管理、自我教育、自我约束、自我服务、自我发展。

四、强化以人为本的管理理念

高校管理者和教师需要不断地努力，多与学生沟通，了解学生，从而更好地做好教育管理工作；立足于学生所需、学生所想，实实在在地为学生做好服务。在管理方面，教师应该更多地阅读教育学方面的书籍，以便更好地了解学生的心理状态，知道怎样处理出现的问题。教师需要有满腔的工作热情和无私奉献的精神，关心学生，了解学生的需要。此外，高校需要建立合理的晋升培训机制，以便更好地鼓励教师，只有这样教师才能更有动力。

高校教育管理工作要围绕学生的需要，立足于学生的发展，让学生朝着更好的方向发展，这才是高校教育管理工作中需要加强的。

第二节　提升教育服务理念

一、教育服务理念为高校教育管理改革提供内部驱动力

树立正确的高校教育服务理念，有助于增强高校管理者的责任感和竞争意识，有助于高校更加关注社会需求，更好地为社会培养人才。树立正确的高校教育服务理念，有助于推动高校与时俱进地进行改革，有助于高校准确把握市场的动向，有助于高校提高服务质量。高校进行教育管理改革的动力是管理者已经认识到改革势在必行并认同改革的效果。当高校管理者认为高校有了改革

的需求，就会有动力进行改革。高校管理者树立高校教育服务理念，就是要实现以下三个目标：第一，形成一套成熟的教育服务理念；第二，提高高校的服务意识，改变对学生的态度，激发学生的创造力和能动力；第三，找到传统管理模式存在的问题并进行改革。服务对象是高校教育服务理念的出发点和落脚点，高校应将服务对象（学生）的满意度纳入学校教育管理的绩效考核，客观地进行评价，找出不足，进行改正。高校在新观念、新方法的指导下，努力改变学生对学校管理的态度，让师生之间形成良性的互动，推动变革的发展。

二、教育服务理念为高校教育管理提出新的目标

学生是共性和个性的统一。共性是指学生的群体属性，个性是指学生的个体属性。处于同一年龄阶段的学生，由于生命过程和生活经历的相似性，他们的身心发展在同一规律的支配下，表现出某些相同或相似的属性和特征，即共性。但这些共性只是相对而言的，由于个体间遗传因子、家庭背景、所处社会环境及教育影响的差异，学生的身心发展无论是在内容上还是在水平上都是千差万别的，学生的性格、兴趣、爱好、智力、能力不完全相同，具有个别差异。这种个别差异是绝对的，是不以人的意志为转移的。这是高校教育管理者必须面对的事实。

树立教育服务理念，不仅能够让我们意识到学生之间共性和个性的差异，还能够让我们意识到教育服务的生产者是教育工作者，他们通过消耗智力和体力为满足不同教育对象的需求，提供多方面性能的教育服务，处在生产领域。学生则是教育服务的消费者，处在消费领域。这种理念为高校教育管理实践提出了新的目标。作为提供教育服务的教育者，高校教育管理中应以学生为本，尽量满足学生的需求。不同的学生有不同的需求，同一学生不同时期的需求层次也不尽相同，需求的多样化决定了教育者工作的复杂程度。

三、教育服务理念为高校教育管理创造新型师生关系

传统的教育理念认为，学生是教育的客体，教师是教育的主体。受这种教育理念的影响，在教育管理过程中，教师和学生之间是管理者与被管理者的、等级式的、指挥与服从的关系，它扼杀了学生的主体性、自主性和主观能动性。

树立教育服务理念，要求教育者重新审视以前的师生关系，树立起新型的

师生关系，这意味着教师需要改变角色意识，树立服务理念，从提高服务质量和让学生满意的角度出发，才能做到因材施教。从学生角度来看，学生需要树立独立意识和自主观念，需要对自己的选择和行为负责，不能完全依赖学校和教师。这种新型的师生关系有利于教育管理中师生平等地、朋友式地、相互尊重地交流对话。

四、教育服务理念为高校教育管理的评价提供新的依据

无论在什么条件下，任何一所学校的教育管理都有获得良好效果的预期。不同时期，人们衡量教育管理质量的依据不尽相同。传统的教育理念从管理者的角度出发，管理质量意味着管理特征对组织的规定与要求的符合程度。这一视角使组织更关注效率，即用最小的成本获得最大的收益，而看不到不同的被管理者对同样的管理感知不到同样的质量水平。

树立教育服务理念，衡量教育质量的标准则主要是服务对象的满意度。这一视角更关注服务对象需要的满足。与传统理念相比，这一理念已经意识到了不同的服务对象会对同一产品感知到不同的质量水平。当学生或家长感受到满意的服务时，也就是他们对所有服务特征的期望都得到满足或超额满足时，他们把整体服务感知为优质，并因此对学校和教师保持忠诚，从而对学校产生归属感。传统的强迫式的管理方法已经过时，现在在要用满意度来衡量教育管理，这就促使教育管理者转变理念，认真研究学生，结合学生身心特点，了解学生需求，创新教育方法，满足学生需要，从而为高校教育管理提供了新的衡量依据。

第三节　创新管理方式

一、高校教育管理工作创新的必要性

（一）高校教育管理工作创新是培养高素质人才的需要

随着教育改革的深入发展，高校应根据自身的特点制定符合本校实际的教育管理制度，但这些制度不应与国家的法律法规相悖，不能违背大学生的成长规律，不能违背人性特点，同时要体现创新性。因为管理创新是人才培养的需

要。要体现管理制度的科学化和创新化，就要重视理论科学和创新的问题，不仅需要研究法律与青年学的相关理论，还需要研究管理学方面的理论，同时更应将管理学、法律学、青年学有机结合起来，形成理论上的创新，推动实践创新。因为大学生的培养是要将有着一定知识的青年培养成德智体美劳全面发展的创新型人才。换言之，这种管理的宗旨是要促进学生全面发展，使其成为社会主义事业的建设者和接班人。管理创新不仅是教育理念、教育方法的创新，还应该包含人才培养模式和教育管理工作上的创新。

（二）高校教育管理工作创新是高等教育大众化的需要

随着高校招生规模不断扩大，学生人数不断升高，精英教育渐渐被大众化的教育模式所取代，大学生的整体素质也发生了一定的变化，这对高校教育管理工作是不小的挑战。高校教育管理工作只有积极创新，不断探索，才能适应高等教育大众化发展的需要。

（三）高校教育管理工作创新是服务学生的需要

在以学校为核心的管理体系中，高校应综合利用好各种服务机构，加强统一指导，为学生的成才提供更加完整、科学、有序的管理体系，使高校教育管理更加规范。高校教育管理者可以科学整合各种资源，提高教育管理能力，在高校管理体制下创建富有活力的社团，为高校营造浓郁的文化氛围，为学生素质的拓展提供更大的空间，从而对学生个体知识结构的完善、个性的培养和素质的拓展发挥积极作用。从管理和经营的角度创新高校的管理思想和教育理念，为学生构筑优质的成才环境，保证高校扩招后教育管理质量和学生素质的稳步提高。

二、创新在高校教育管理中的应用

（一）高校创新发展战略的制定为创新指明了方向

高校在战略措施的制定上，要找准切入点，突出办学特色，将有限的资源用于战略性、关键性的发展领域，最大限度地发挥效用。高校的优势包括管理者所具有的专业特色优势、学术科研成果、管理经验、资源和知识的积累、团队的创新能力等多种因素。在现有优势的基础上，引导高校保持持久的战略优势，进而推进特色办校，使高校既要在某一学科或专业上有特色，又要在某一领域中有特色。

（二）创新技术是高校创新管理的手段

现代信息技术对教师的学科知识结构以及掌握现代化教育技术的程度提出了更高的要求，引起教学方法和手段的现代化及课程内容的更新，影响教学过程和人才培养的过程。对大学生的思维方式、行为模式、价值观念、政治倾向等都产生了深刻的影响。

（三）创新制度设计是高校创新管理的保障

制度和政策制定的终极目标是最大限度地激发学生的积极性。高校应承认学生在发展中的独特性，建立"以人为本"的有利于学生创新思维、创新能力培养的管理制度，这既有利于充分发挥学生学习的积极性，又有利于充分发挥教师教学的积极性。

（四）学习型组织是高校创新管理的必然选择

随着我国高等教育向大众化阶段的迈进，高校办学规模不断扩大，管理幅度和管理层次也相应增加。高校是一个复杂的组织系统，传统的金字塔式的组织结构已很难适应知识经济的要求。因此，高校应改变组织结构，建立一种有机的、高度柔性的、扁平的、符合人性的、能持续发展的、充分发挥员工创造性思维的组织。

（五）时空创新在高校教育管理中的应用

时空领域每时每刻都在创新，高校教育管理涉及学校各个部门和师生员工。这就要求高校在课程体系和学生管理工作中增加相应的创新能力训练和综合实践课程，提高学生在实践中发现问题和解决问题的能力，进而激发学生的灵感。

教师应更新教育观，转变教育思想，改变常规教学方法，把知识的最新成果融入教学以激发学生的创新。在全球经济一体化和网络化的背景下，高校应该考虑如何有效利用创新空间，在全球范围内整合创新资源为己所用，实现创新的全球化。

参考文献

［1］李晋.高校教师队伍建设与管理模式探究［M］.长春：吉林大学出版社，2022.

［2］洪剑锋，屈先蓉，杨芳.互联网时代下高校教育管理与评价创新［M］.延吉：延边大学出版社，2021.

［3］高健磊.新时期高校管理与发展路径探索［M］.北京：中国政法大学出版社，2021.

［4］周芸.高校教育教学管理模式创新研究［M］.北京：中国财政经济出版社，2021.

［5］邱向英.高校预算管理模式创新研究［M］.北京：中国纺织出版社，2021.

［6］吕村.高校教育管理与教学研究［M］.长春：吉林文史出版社，2021.

［7］刘思延，张潍纤，郑莹.高校教育教学管理实践与创新发展［M］.哈尔滨：哈尔滨出版社，2021.

［8］冉冉，冯晨静，齐建云.互联网时代下高校教育教学创新研究［M］.北京：中国原子能出版社，2021.

［9］冉启兰.教育管理理念与思维创新［M］.长春：吉林出版集团股份有限公司，2020.

［10］李玲.高校学生管理工作创新研究［M］.长春：吉林人民出版社，2020.

［11］关洪海.高校教育管理与创新实践研析［M］.北京：冶金工业出版社，2019.

［12］杨大鹏，马亚格，罗茗.高校学生工作管理创新研究［M］.北京：北京理工大学出版社，2019.

［13］孙连京.高校教学管理理论与实践［M］.南昌：江西高校出版社，2019.

［14］刘华卿.互联网时代高校图书馆与公共文化服务的融合发展和实践［M］.长春：吉林大学出版社，2019.

［15］王荔雯.移动互联网时代高校教育管理模式改革与实践研究［M］.北京：中国原子能出版社，2019.

［16］焦美莲.互联网时代高校后勤管理模式探索［M］.北京：九州出版社，2018.

［17］胡晓敏，陶元.互联网视角下的高校教育管理［M］.北京：中国原子能出版社，2018.

［18］王潇音.互联网时代下高校教育教学管理的创新研究［M］.北京：中国原子能出版社，2018.

［19］闫莉莉.互联网时代高校学生管理模式创新研究［M］.长春：吉林文史出版社，2018.

［20］王娟.互联网时代高校教育管理改革实践探究——评《移动互联网时代高校教育管理模式改革与实践研究》[J].中国教育学刊,2022(9)：132.

［21］吴云.互联网时代下的高校学生管理服务工作思路新分析［J］.山西青年，2022（11）：150-152.

［22］方敏，刘翠.互联网背景下高校教学管理模式改革研究［J］.吉林省教育学院学报，2022，38（9）：85-88.

［23］石瑞芳.互联网时代我国高校教育管理信息化的构建路径［N］.中国电影报，2022-07-06（11）.

［24］郝广新，李敬.互联网时代高校学生管理模式的建构路径——评《互联网背景下高校学生管理模式创新研究》[J].中国科技论文,2021(10)：1165.

［25］刘雪利.互联网背景下高校管理工作要点探讨［J］.教育教学论坛，2020（45）：17-18.

［26］刘亚斌.互联网环境下高校教学管理实践［J］.黄河·黄土·黄种人，2020（17）：55-56.

［27］王英.基于互联网思维的高校教学管理新模式探索［J］.现代职业教育，2020（27）：224-225.

［28］黄丽梅.互联网对高校教育管理的影响与对策分析［J］.学周刊，2019（15）：9-10.

［29］ 鲜锐. 互联网时代高校学生管理工作创新路径探索［J］. 产业与科技论坛，2019，18（11）：229–230.

［30］ 杨旭. 互联网时代高校教育管理变革探析［J］. 青春岁月，2019（9）：91.

［31］ 赵晓莉. 互联网时代高校教育模式的探索与研究［J］. 现代交际，2019（3）：162–163.

［32］ 刘洋. 互联网时代下高校学生管理工作创新之"如何有效的沟通"问题浅析［J］. 青年与社会，2019（25）：149–150.

［33］ 刘鹏杰，梁翠英. 浅析互联网环境下高校学生管理的创新［J］. 东西南北，2019（17）：120.

［34］ 孟庆一. "以人为本"理念在高校教育管理中的应用［J］. 管理观察，2019（36）：108–109.

［35］ 吴燕华. 互联网时代高校教学管理工作探讨［J］. 现代商贸工业，2019，40（21）：184.

［36］ 阎海玲. 互联网时代高校创新创业人才培养模式研究［J］. 营销界，2019（20）：147，151.

［37］ 赵蔚语. 互联网时代高校教育管理模式［J］. 科教导刊（下旬），2018（36）：16–17.

［38］ 张彦惠. 当前我国高校教育和管理机制创新路径［J］. 南方论刊，2018（12）：97，112.

［39］ 刘培漳. 互联网时代高校教育管理变革探析［J］. 汉字文化，2018（21）：119–120.

［40］ 靳亮. 互联网时代高校教育管理模式的相关研究［J］. 高考，2018（25）：51.

［41］ 温小利. 互联网时代高校教育管理模式的构建［J］. 纳税，2018（18）：202.

［42］ 周航. 论互联网时代高校教育管理模式［J］. 才智，2018（15）：53.

［43］ 吴华宇. 互联网对高校教育管理的影响与对策［J］. 辽宁经济职业技术学院·辽宁经济管理干部学院学报，2018（2）：81–83.

［44］王莉梅.互联网时代下的高校学生管理工作［J］.知识经济，2018（13）：103.

［45］刘艳英.高校学生管理创新模式研究：基于互联网视角［J］.赤峰学院学报（自然科学版），2018，34（2）：107-109.

［46］程开元.高校学生管理的改革与创新［J］.智库时代，2018（39）：67，69.

［47］郑玉花.高校教学管理科学化路径探析［J］.科技创业月刊，2018，31（12）：138-140.

［48］谭正.高校教育教学管理的观念变革和实践创新［J］.科教文汇（中旬刊），2018（12）：126-127.

［49］张文海.基于创新人才培养的高校教育管理研究［J］.创新创业理论研究与实践，2018，1（23）：79-80.